1ª edição
1.000 exemplares
Agosto/2018

© 2018 by Boa Nova Editora

Capa e projeto gráfico
Juliana Mollinari

Diagramação
Juliana Mollinari

Revisão
Alessandra Miranda de Sá

Assistente editorial
Ana Maria Rael Gambarini

Coordenação editorial
Ronaldo A. Sperdutti

Todos os direitos estão reservados. Nenhuma parte desta obra pode ser reproduzida ou transmitida por qualquer forma e/ou quaisquer meios (eletrônico ou mecânico, incluindo fotocópia e gravação) ou arquivada em qualquer sistema ou banco de dados sem permissão escrita da Editora.

O produto da venda desta obra é destinado à manutenção das atividades assistenciais da Sociedade Espírita Boa Nova, de Catanduva, SP.

1ª edição: Agosto de 2018 - 1.000 exemplares

DESEJO
DE SER FELIZ

ROBERTO DE CARVALHO
INSPIRADO PELO ESPÍRITO FRANCISCO

Instituto Beneficente Boa Nova
Entidade coligada à Sociedade Espírita Boa Nova
Av. Porto Ferreira, 1.031 | Parque Iracema
Catanduva/SP | CEP 15809-020
www.boanova.net | boanova@boanova.net
Fone: (17) 3531-4444

Dados Internacionais de Catalogação na Publicação (CIP)
(Câmara Brasileira do Livro, SP, Brasil)

Francisco (Espírito).
   Desejo de ser feliz / inspirado pelo espírito Francisco ; [psicografado por] Roberto de Carvalho. -- Catanduva, SP : Instituto Beneficente Boa Nova, 2018.

   ISBN 978-85-8353-110-4

   1. Espiritismo 2. Psicografia 3. Romance espírita I. Carvalho, Roberto de. II. Título.

18-18147   CDD-133.9

Índices para catálogo sistemático:

1. Romance espírita : Espiritismo   133.9

Maria Alice Ferreira - Bibliotecária - CRB-8/7964

Este romance é uma obra inspirada mediunicamente e tem por finalidade divulgar o espiritismo por meio dos ensinamentos básicos de sua Doutrina, principalmente no que se refere à aplicação das leis universais como fator de correção e aprendizado ao Espírito em processo de expiação.

Apesar de se basear em fatos reais, os personagens apresentados nesta narrativa são fictícios. Portanto, qualquer semelhança com nomes ou descrição de pessoas e lugares terá sido mera coincidência.

"A suprema felicidade da vida é a convicção de ser amado por aquilo que você é, ou melhor, apesar daquilo que você é."

Victor Hugo

SUMÁRIO

Prólogo 11
Capítulo 1 – Julia 13
Capítulo 2 – Casamento 19
Capítulo 3 – Januária 25
Capítulo 4 – Enfado 31
Capítulo 5 – Abel 37
Capítulo 6 – Irmãos 43
Capítulo 7 – Preocupações 51
Capítulo 8 – Insanidade 57
Capítulo 9 – Agressão 65
Capítulo 10 – Manicômio 71
Capítulo 11 – Hostilidades 77
Capítulo 12 – Fuga 83
Capítulo 13 – Aprendizado 91
Capítulo 14 – Obsessão 97
Capítulo 15 – Deslumbramento 105
Capítulo 16 – Eloquência 113
Capítulo 17 – Envolvimento 119
Capítulo 18 – Consequências 127
Capítulo 19 – Ameaças 135
Capítulo 20 – Frustração 143
Capítulo 21 – Confidências 151
Capítulo 22 – Abandono 159
Capítulo 23 – Regresso 167
Capítulo 24 – Comparações 173
Capítulo 25 – Mediunidade 181

Capítulo 26 – Maternidade 191
Capítulo 27 – Veneno 199
Capítulo 28 – Reencontro 205
Capítulo 29 – Epílogo 213

PRÓLOGO

Amigo leitor!

Não espere encontrar em Julia, protagonista deste romance, o exemplo irretocável de uma figura heroica, ou de uma musa forte e cheia de virtudes. Ela é apenas uma mulher como tantas outras, com fraquezas morais, inseguranças, hesitações, dúvidas, medos... O amadurecimento que surge ao longo da narrativa deve-se aos desafios que a vida lhe impõe e ao desejo de encontrar a felicidade, mas ainda assim não a transforma em uma heroína.

Julia nos é apresentada aos quinze anos, vivendo em uma propriedade rural dedicada à agricultura, sob o domínio de um sistema extremamente machista, em que os homens ditam as regras e às mulheres cabe o papel de acatá-las sem contestar.

Ainda na adolescência é oferecida como noiva a um homem bem mais velho, pelo simples fato de que o enlace entre eles interessava ao seu genitor. Indignada com a imposição paterna, mas impedida de contrariá-la, restou à menina apelar para o bom senso do candidato a marido, implorando a ele que desistisse da ideia, já que havia uma grande possibilidade de os dois serem infelizes. Porém, agindo egoisticamente, o homem ignora esse apelo e o casamento é realizado.

Cinco anos mais tarde, presa àquele relacionamento indesejado, Julia, no auge de sua juventude, tendo se transformado em uma belíssima mulher, conhece Abel, um bonito jovem que chega à propriedade de sua família em busca de trabalho.

Esse encontro desperta no coração da moça uma paixão avassaladora, levando-a a tomar atitudes impensadas e a sonhar com as alegrias que até aquele momento a vida havia lhe negado.

Detentor de ostensiva mediunidade, mas ignorando essa condição, Abel andava enfrentando uma série de transtornos espirituais, provocados por um processo de subjugação imposto por um inimigo de vidas passadas.

A caridosa benzedeira Januária – que tinha o dom de falar com os mortos – e o enigmático Zé Tristeza – que se tornara amigo de Abel em um momento complicado – terão relevantes papéis no desenrolar da trama, que nos traz importantes temas doutrinários, como indissolubilidade do casamento, adultério, subjugação espiritual, ambição, morte prematura e suicídio, entre outros.

A conturbada relação entre Julia e Abel trará graves consequências aos personagens, principalmente à moça, cuja motivação era simplesmente o desejo de ser feliz.

Que este romance lhe possa ser tão aprazível e esclarecedor quanto foi para os seus autores.

Boa leitura!

CAPÍTULO 1

Julia

Segundo a ideia muito falsa de que não pode reformar sua própria natureza, o homem se crê dispensado de se esforçar para se corrigir dos defeitos.
(*O Evangelho segundo o Espiritismo* – Capítulo 9 – Item 10
– Boa Nova Editora)

Julia devia ser a menina mais ingênua e, por consequência disso, a mais feliz do mundo. Morava com os pais e quatro irmãos em uma propriedade rural de médio porte, em um lugarejo bucólico pelos interiores do Brasil. Era a filha caçula e a única do sexo feminino entre os irmãos. Crescera sob o que considerava uma atenciosa e bem-intencionada proteção dos "homens de sua vida", como os irmãos e seu pai se autointitulavam, fazendo-a acreditar que tal procedimento tinha o objetivo de resguardá-la das maldades do mundo.

Como vivia praticamente isolada naqueles rincões, preocupada apenas em cuidar da sobrevivência física, agarrada a cabos de ferramentas pesadas, cultivando uma agricultura de subsistência, sempre fora desprovida de vaidades e passara a infância e parte da juventude sem se dar conta de que era uma moça sonhadora e que em seu peito batia um coração sensível e romântico, temporariamente adormecido, mas não refratário à investida do amor passional que o futuro lhe reservava.

Mas essa realidade somente se revelaria para ela aos vinte anos de idade, e a encontraria presa aos compromissos de um casamento insosso e melancólico. Aliás, isso era o que acontecia com praticamente todas as jovens criadas naquele ambiente. Nessa idade, elas já haviam constituído famílias, em muitos casos por interesses que nada tinham a ver com afinidade afetiva, mas por imposições paternas ou pela ilusória esperança de conquistar a independência que o lar de origem – normalmente administrado sob rígido sistema autoritário – não podia oferecer às mulheres.

Porém essas jovens não demoravam a perceber que o novo lar era apenas uma extensão do problemático ambiente que haviam deixado atrás. Em breve o namorado, que tanto se esmerara nos rituais da conquista até o instante do casamento, revelava-se tão inflexível quanto seus genitores, e tudo o que se havia aspirado em termos de "cor e sabor" se evaporava com a mesma brevidade de um rastilho de pólvora, tornando a nova vida familiar algo cinzento, insípido e depressivo.

Assim era também em relação aos rebentos que haveriam de gerar: as meninas, deixando-se conduzir como gado tangido em direção ao abatedouro, assumiam a mesma postura submissa e apática da mulher que a trouxera ao mundo, e os meninos herdavam a prevalência autoritária e incontestável do autoritário e incontestável genitor.

O pai e os irmãos de Julia faziam parte desse rol de homens severos e inflexíveis, para os quais a palavra "honra" possuía um peso incalculável e sem a qual a vida não tinha a menor importância.

– Um homem desonrado não é digno de estar entre os vivos – o chefe da família costumava dizer batendo no peito. – O mundo não é lugar para sujeitos fracotes e covardes que deixam o escândalo bater-lhes à porta.

E essas palavras, inseridas no meio de qualquer diálogo que a elas oferecesse abertura (ou mesmo que não oferecesse), eram proferidas com veemente imposição de voz, aumentando-lhes sobremodo a relevância.

O problema é que o sentido da palavra "honra" era interpretado como cada um bem entendesse, e, em função disso, muitos crimes eram cometidos, principalmente contra as mulheres, sem que o agressor fosse sequer questionado sobre o que fizera, uma vez que a "honra do homem" estava acima de tudo e aquele que se sentisse "desonrado" tinha não só o direito, mas a obrigação de punir quem ousara desafiá-lo.

Assim, se uma esposa tomasse qualquer medida que contrariasse os interesses do marido, por mais efêmera que fosse essa atitude, era encarada como desonra, e era o próprio reclamante que decidia o tipo de punição a que a transgressora deveria se submeter.

E essa regra valia não só para esposas, mas também para filhas e irmãs. Ou seja, desde que se sentisse desonrado, qualquer homem poderia punir livremente qualquer pessoa do sexo feminino que vivesse sob a sua tutela.

A mãe de Julia, apesar de possuir uma natureza amistosa, era, como a maioria das mulheres que habitavam aqueles rincões, completamente subjugada pelas vontades do marido e dos filhos, porque, mal tendo engrossado a voz, os machinhos gerados em seu útero tinham se unido ao pai na rude tarefa de comandar os passos da genitora.

Esse sistema predominante era uma regra tácita, porém intocada. Ela não estava escrita em parte alguma, mas fazia-se valer pela força de uma tradição que ninguém ousava contrariar. Aliás, a verdade é que ninguém percebia a existência de regra alguma, apenas dava-se continuidade àquilo que era passado de uma geração para outra sem que a percepção disso eclodisse no campo consciencial de quem quer que fosse. A vida era daquele modo e pronto! Quem não gostasse que comesse menos.

Aos quinze anos, Julia foi oferecida como noiva a um rapaz que prestava serviços braçais aos agricultores da região. A decisão fora tomada por seu pai, com a aquiescência dos irmãos, uma vez que também nesse quesito eram os homens que resolviam o destino das mulheres.

O nome do escolhido era João Natalino, porém todos o tratavam por João Lino. Ele era dezoito anos mais velho do que Julia e, se estava solteiro até aquela idade, era justamente pela falta de qualquer atrativo físico ou intelectual que pudesse despertar o interesse das moças.

João Lino, que por razões desconhecidas não sabia quem eram seus pais consanguíneos, fora adotado na primeira infância por uma negra de idade avançada, que dedicava a ele o zelo de uma avó. Segundo as más-línguas, essa mulher, que se chamava Januária, tinha pacto com o diabo para realizar bruxarias em rituais nos quais pessoas mortas eram evocadas para darem testemunhos sobre a existência do inferno como um lugar de eterno sofrimento.

Essa má fama só fazia aumentar a ojeriza que as jovens nutriam por aquele matuto desenxabido, desprovido de qualquer atributo que o fizesse destacar-se entre os demais.

Entretanto, João Lino possuía notável disposição para o trabalho braçal, chegando a realizar sozinho – na enxada, foice ou qualquer outro tipo de ferramenta agrária – as mesmas tarefas que exigiriam os braços de pelo menos três homens. E foi justamente esse predicado que deu a ele o direito de desposar Julia.

Nas vezes em que fora contratado para as tarefas extras do sítio, em época de grandes colheitas ou limpa de roçados e hortas, João Lino demonstrara tanta robustez e perícia, que despertara o interesse do pai da menina-moça em arregimentá-lo como parente.

– Pra que contratar um sujeito desses como camarada, se eu posso agregá-lo à família? – dissera aos filhos mais velhos num dia em que, à distância, observava a destreza do obstinado trabalhador a capinar com sua afiadíssima enxada imensa área de lavoura sufocada pela vegetação parasitária.

João Lino, apesar de já não ser tão jovem, era solteiro, honesto e trabalhador; e isso, aos olhos do sitiante, era o que contava. A falta de atrativo físico, a limitação intelectual e todos os demais defeitos que ele possuía ou que lhe eram imputados não representavam empecilho algum para os seus planos.

Afinal, mesmo as pessoas mais bonitas e inteligentes do mundo acabam, cedo ou tarde, indo para o mesmo buraco sombrio de um cemitério e se transformando em alimento de vermes, pensava ele, enquanto contabilizava as vantagens de ter como genro um verdadeiro "trator humano" para juntar-se no cultivo do sítio às forças físicas dos filhos, além das suas, que, devido ao peso da idade, começavam a dar os primeiros sinais de declínio.

CAPÍTULO 2

Casamento

> *Nem a lei civil, nem os compromissos que ela faz contrair,*
> *podem suprir a lei do amor se esta lei não preside a união.*
> (O Evangelho segundo o Espiritismo – Capítulo 22 – Item 3
> – Boa Nova Editora)

Foi com estranheza que Julia recebeu do pai a informação de que João Lino faria uma visita social à família no próximo sábado.

– É bom que esteja bem-arrumada pra receber o rapaz – disse ele à filha, entre grossas baforadas de seu fétido cachimbo.

– Eu? Bem-arrumada pra receber aquele caipira? Que é isso, meu pai? Ele é praticamente de casa. Vira e mexe está enfiado aqui, de conluio com os manos, comendo com a gente – a moça respondeu com naturalidade.

– Desta vez é diferente – o pai asseverou olhando-a com gravidade. – Ele vem pedir a sua mão em casamento.

Julia não conseguiu evitar que lhe escapasse uma gargalhada, certa de que tudo aquilo não passava de uma brincadeira.

– Não há razão pra risadas – grunhiu o agricultor. – Não estou fazendo pilhérias. O rapaz vem pedir a sua mão e fique a senhorinha sabendo que eu já a concedi.

A maneira severa com que essas palavras foram proferidas não deixou a menor dúvida sobre a seriedade do assunto, nem permitiu que ela esboçasse qualquer reação de contrariedade ou cisma.

Além disso, diante do comportamento silencioso de seus irmãos e da mãe, Julia deduziu que todos já tinham conhecimento sobre o assunto e que estavam de acordo com a decisão tomada por seu pai.

Naquela noite, ela custou a pegar no sono. Seu pensamento ficava fervilhando, e mil questionamentos lhe passavam pela cabeça: "Como será estar casada com um matuto feito o João

Lino?" E reformulava a pergunta: "Aliás, como será estar casada?" Obtemperava: "Talvez não seja tão ruim..." E ela reconsiderava: "Ou será horrível?"

Pelo resto daquela semana, até que chegasse o fatídico sábado, seus dias foram de angústia e inquietação.

Quando João Lino chegou de banho tomado, cabelo espichado formando um topete besuntado de brilhantina, cheirando a óleo de rosas, usando roupas bem coloridas e um par de botinas novinhas, Julia teria rido muito se não estivesse tão chateada. Achou-o ainda mais esquisito do que quando o via de rosto suado, agarrado ao cabo das ferramentas... Ao menos daquele modo ele era genuíno.

A conversa foi longa e cheia de volteios, como se o rapaz estivesse com medo de tocar no assunto que propiciara a visita.

– Parece que o tempo, este ano, vai favorecer a lavoura – ele observou olhando um pedaço de céu azulado que a janela esquadrinhava.

– Parece que vai sim – respondeu o sitiante.

Seguiu-se um tempo de silêncio no qual se sobressaía o cacarejar da galinhada no terreiro e um chiado nervoso de cigarras entre o capinzal que cercava o terreiro da casa.

– Seria bom já começar a preparar o plantio – João Lino pontuou.

– Seria mesmo – concordou o pai de Julia, pitando seu cachimbo e lançando rolos de fumaça no ar.

Novo silêncio. Um cachorro latiu ao longe, o vento trouxe fragmentos de um choro de criança, e a conversa prosseguiu naquela toada tediosa até que, enfastiado com a lenga-lenga, foi o sitiante quem tomou a iniciativa de encaminhar o rumo da prosa para o que realmente interessava:

– E então, meu rapaz, eu acho que você tem alguma coisa importante pra nos dizer, não tem?

João Lino raspou a garganta, coçou a cabeça, lançou um olhar enviesado para Julia e sapecou em um só fôlego:

– É verdade. É verdade. Tem toda razão. Eu queria pedir a mão da sua filha em casamento... desde que o senhor concorde, é claro. Ficaria muito feliz em fazer parte de uma família trabalhadora como a sua. Não tenho posses nem dinheiro, mas tenho os braços fortes para o trabalho e prometo uma vida honrada, de paz e sossego, pra todos vocês.

E a resposta do agricultor foi curta e decisiva:

– Está aceito.

Julia, que por ordem do pai estava sentada em uma cadeira acompanhando o diálogo, sentiu o rosto ferver. Teve muita vontade de se intrometer e dizer que aquilo não estava direito, que a vida era dela e seria justo que ela decidisse quando e com quem deveria se casar.

Mas as coisas não funcionavam daquele modo e, a partir do momento em que o pai respondeu positivamente ao pedido do João Lino, não havia mais nada que ela pudesse fazer a não ser acatar a decisão do genitor.

Assim, mesmo contra a vontade, Julia terminou assumindo compromisso de noivado com aquele homem que absolutamente nada, em termos de afeto ou bem-querença, despertava em seu coração.

Já na semana seguinte, tendo escolhido uma área plana da propriedade da família de Julia que era propícia para a construção, João Lino, com a ajuda do futuro sogro e dos cunhados, iniciou a construção de uma pequena casa.

As primeiras tarefas constituíam-se em preparar o terreno e confeccionar tijolos, misturando capim ao barro extraído da margem de um córrego que passava nas proximidades. Com os tijolos secos e as madeiras preparadas para o vigamento e a sustentação do telhado, a obra se desenvolveu com considerável agilidade.

Ao ver o imóvel sendo erguido com tanta pressa, Julia sentiu um grande desespero e, munindo-se de coragem, tentou convencer o noivo a desistir do casamento.

– João, eu posso lhe pedir um grande favor? – a menina perguntou com um olhar rogativo.

— É claro que pode! — João Lino respondeu, demonstrando presteza.

— Diga ao meu pai que você não quer mais se casar comigo. Vamos acabar com essa história, pois isso não vai dar certo. É um grande absurdo...

Ele a encarou indignado.

— O quê? Está louca? Por que eu iria desistir de casar com você?

— Porque eu não o amo. Nunca vou ser feliz ao seu lado, nem terei condições de fazê-lo feliz. No fundo, nem você me ama. Está apenas se aproveitando dos interesses do meu pai...

Mas João Lino, que continuava a encará-la muito seriamente, foi taxativo em sua resposta, interrompendo-a com grosseria:

— Se você vai ser feliz ou infeliz, não é problema meu. Seu pai me deu sua mão em casamento e eu não vou desistir disso nem que a vaca tussa. Principalmente agora, que já me arrebentei todo pra construir a nossa casa.

— Mas... João... escute... Desista disso, por favor! — Julia implorou, tentando em vão buscar argumentos mais convincentes.

João Lino se levantou e concluiu ao se afastar, deixando-a sozinha com sua angústia:

— Vou fazer de conta que esta conversa nem existiu.

Alguns meses depois, a modesta residência já estava habitável, assim como os preparativos para o casamento, que se realizou em uma cerimônia simples na capela do vilarejo, quase sem convidados, em uma chuvosa e lamacenta manhã de domingo.

Devido à pouca importância dos noivos na localidade, o acontecimento passou praticamente despercebido. E foi assim que Julia, aos quinze anos de idade, inaugurou a vida de casada ao lado do homem que jamais teria sido escolha do seu coração, mas que lhe fora imposto pela vontade do genitor, prática de uma cultura que, apesar de injusta e insensata, não escandalizava ninguém.

CAPÍTULO 3

Januária

Na máxima: "Fora da caridade não há salvação", estão contidos os destinos dos homens, sobre a Terra e no céu.
(O Evangelho segundo o Espiritismo – Capítulo 15 – Item 10
– Boa Nova Editora)

Depois de casado, João Lino quis levar Januária para morar com ele e Julia, mas a mulher se recusou terminantemente, alegando mais de um motivo, porém a verdade é que ela jamais iria compactuar com aquela união forçada. Morar com eles seria como dar aval àquele absurdo.

– Eu é que não vou atrapalhar a vida de casalzinho novo, nada. Além disso, não vejo razão pra abandonar o cantinho sossegado onde sempre vivi. Deixa a velha aqui, meu filho, e quando puder apareça pra me visitar.

Só depois de conhecer melhor aquela mulher foi que Julia notou o quanto eram infundadas as acusações imputadas a ela e concluiu que, se Januária tivesse algum pacto com o demônio, então o coisa-ruim era possuidor de um coração de ouro, pois a mulher só fazia o bem. Vivia promovendo rezas e benzeduras, mas era sempre para ajudar alguém em dificuldade, e as únicas evocações que a vira realizar fora em nome de Jesus, de Deus e de alguns santos de sua predileção.

Além disso, Januária era uma pessoa totalmente isenta de vaidades e apegos materiais. O pouco que possuía era de uso coletivo, pois jamais negava, a quem quer que fosse, desde a atenção de seu tempo às simples e saborosas refeições que cozinhava em seu fogão a lenha e que pareciam se multiplicar quando crescia o número de famintos a lhe baterem à porta.

Ela tinha o hábito de andar descalça. Dizia rindo que "sapato é invenção de gente boba só pra magoar os pés". Tinha os cabelos brancos feito algodão, sempre protegidos por um lenço desbotado, com pequenos chumaços da carapinha vazando sobre a testa, de trás das orelhas e na nuca. Seus olhos serenos e baços de muito viver refletiam paz; a voz mansa e o semblante terno completavam a aura de humanidade que a envolvia.

Quem a conhecia mais intimamente sabia daquela bondade inabalável e havia até quem acreditasse em sua beatitude. Era com convicção que algumas pessoas viviam repetindo:

— Dona Januária é uma santa! Um anjo vivendo entre pecadores, pra aliviar sofrimentos alheios.

A negra velha, indiferente aos comentários, positivos ou negativos, que faziam a seu respeito, tocava a vida do modo como achava correto e dormia em paz com sua consciência.

Vivia em um casebre de estuque à margem de um ribeiro que escorria lépido por entre a vegetação. Seus companheiros de rotina eram uns cãezinhos vira-latas e todos os animais silvestres que lhe rondavam o quintal em busca de guarida, pois Januária sempre os acolhia, alimentando-os com frutas e hortaliças cultivadas para esse fim.

Ninguém jamais a ouvira queixar-se do que quer que fosse; nem fome, nem doença, nem tempo ruim ou qualquer desconforto eram motivos para apagar seu cândido sorriso.

Era uma disseminadora de palavras de otimismo, mas não dessas mensagens fugazes proferidas com o intuito de mascarar duras realidades. Ela apenas dava à verdade um formato compreensível e aceitável, mostrando que o mundo não é necessariamente um lugar de prazeres e constantes alegrias, mas que também não é um inferno inabitável — é uma espécie de purgatório, onde penalidades e recompensas se alternam, agravando-se ou atenuando-se de acordo com as atitudes e o merecimento de cada um.

Ela comparava as inconstâncias da vida ao leito do ribeirinho que lhe banhava o pedaço de terra herdado dos antecessores: havia época em que as águas soçobravam, espalhando-se abundantemente pela propriedade, chegando mesmo a invadir-lhe o casebre pela fresta da porta. Outras vezes, transformava-se em um fiozinho salobro a escorrer por entre as pedras ferruginosas, como um moribundo nos últimos estertores da morte.

— Alegria e tristeza, fartura e miséria, saúde e doença e todos os "altos e baixos" da vida são as lições que precisamos aprender nesta imensa escola chamada Terra — ela dizia.

Januária nada mais fazia do que seguir as orientações de Jesus, principalmente naquilo que o Mestre colocou como o maior dos mandamentos e que não exige grandes conhecimentos ou instrução intelectual para ser colocado em prática: "amava Deus acima de tudo e o próximo como a si mesma, fazendo às pessoas somente o que gostaria que lhe fizessem".

– O mundo é um grande celeiro – ela dizia – onde a semente do bem está misturada à do mal. Cabe a nós escolher direito que tipo de semente vamos lançar em nossa horta, pra saber que tipo de colheita vamos obter lá na frente.

E, para quem não entendia direito a sua simplíssima metáfora, ela esmiuçava:

– Plantar a semente do bem é fazer coisa boa; plantar a semente do mal é fazer coisa ruim. Deus, nosso Pai, é justo e nunca vai recompensar com coisas boas o filho ingrato que semear maldades.

Quando lhe perguntavam sobre o porquê dos males do mundo, ela dizia:

– Ninguém está proibido de pecar, pois somos todos imperfeitos, mas o resultado do pecado é a doença. As pessoas estão doentes, o mundo está doente, porque ainda pecamos muito, mas não ficaremos assim pra sempre. Quando o amor vencer o pecado, as doenças vão sumir do mundo, porque o amor é o remédio pra todos os males.

E Januária, mesmo amando o filho adotivo (ou neto, como preferia tratá-lo), sentiu pena de Julia quando esta lhe foi apresentada, pois percebeu o quanto havia de frustração no coração ingênuo e imaturo daquela menina. Se tivesse a capacidade de reverter aquela história que considerava infame, certamente ela o faria com boa vontade, mas isso não estava em suas mãos.

Tudo o que pôde fazer foi aconselhar os noivos a se respeitarem e, na medida do possível, buscarem viver em harmonia. A partir daí, passou a fazer preces diárias pedindo a Deus que os protegesse. Porém Julia notou que permaneceu em algum recanto da alma daquela mulher um mau presságio a respeito do desfecho da equivocada união entre ela e João Lino.

CAPÍTULO 4

Enfado

O juramento que se pronuncia ao pé do altar se torna um perjúrio se dito como uma fórmula banal; daí as uniões infelizes.
(O Evangelho segundo o Espiritismo – Capítulo 22 – Item 3 – Boa Nova Editora)

Diz um antigo provérbio que "o que não tem remédio, remediado está". Assim, a vida seguiu seu curso sem grandes sobressaltos. Resignada e submissa às ordens que a comandavam, Julia acabou se adaptando à rotina de esposa de um homem que, em termos de comportamento, em nada diferia dos demais que ela conhecia, inclusive de seu pai e de seus irmãos. Eram eles que ditavam as regras. Às mulheres cabia o papel de obedecer sem rebeldias ou questionamentos.

Não que João Lino fosse estúpido, agressivo ou algo assim; na verdade, até que a surpreendera em termos de comportamento. A primeira proibição que fizera teve um resultado incrivelmente positivo.

– Não quero mais que você trabalhe na lavoura – ele disse na presença do sogro e dos cunhados, para que não houvesse dúvida sobre o que havia decidido. – Deixe que a partir de agora eu trabalhe por nós dois.

Nesse quesito, Julia não tinha do que se queixar. Finalmente podia se dar ao luxo de ficar na cama até mais tarde e dedicar-se a tarefas menos desgastantes como cuidar da casa e exercitar habilidades artesanais em uma máquina de fiar que herdara da avó materna.

Assim, em pouco tempo, os calos que lhe endureceram as mãos desde a infância tinham desaparecido, e a pele de seu rosto e dos braços, livre do ressecamento provocado pela ação constante do sol e da irritação imposta por picadas de insetos, assumiu um aspecto macio e sensível, compatível com a sua pouca idade, expondo uma beleza sutil e até mesmo sensual.

Daquele modo, a vida até que transcorria bem. Julia só não se sentia à vontade quando era convocada a cumprir as obrigações conubiais que ocorrem naturalmente na relação entre marido e mulher. Sentia-se mal nos momentos em que João Lino a procurava com ares de lascívia e não via a hora de se ver livre do contato íntimo com ele.

Para sorte dela, seu marido não era possuidor de uma natureza muito impetuosa nesse aspecto. Além disso, ele vivia extenuado fisicamente por conta das pesadas tarefas que executava desde as primeiras horas do dia até o escurecer, pois o sogro o explorava de todas as formas. Assim, ela desfrutava de períodos relativamente longos entre uma procura e outra.

Tirando isso, a vida até que lhe era boa, ou pelo menos era melhor do que quando vivia sob o cabresto do pai e dos irmãos, que agora se limitavam a vigiá-la à distância, deixando por conta do marido a imposição das exigências consideradas necessárias à honradez, que, segundo eles, cabia às mulheres preservar.

De vez em quando, João Lino montava a cavalo e ia visitar Januária, que morava a cerca de três horas de cavalgada. Dificilmente Julia o acompanhava, mas, quando o fazia, a montaria era substituída por uma charrete. Nessas visitas, ela ouvia os conselhos da sábia e bondosa anciã. Gostava de ouvi-la falar sobre os aspectos da vida espiritual dos homens e, embora tivesse várias dúvidas sobre aqueles assuntos, achava tudo muito curioso e interessante.

Quando ia sozinho, João Lino costumava sair de casa ao fim da tarde do sábado e era comum passar a noite por lá, retornando ao lar somente na manhã de domingo.

Agora, conhecendo melhor os hábitos religiosos daquela mulher, Julia havia mudado de opinião em relação a ela, mas jamais tivera vontade de participar de umas orações especiais que Januária fazia às vezes e que chamava de "prece pelas almas em sofrimento". Nesses eventos, a velha realmente parecia conversar com os habitantes do além-túmulo, ouvindo-lhes as queixas, aconselhando-os e pedindo aos Espíritos protetores que os amparassem.

No fundo, Julia sentia um grande temor de tudo aquilo e evitava a todo custo permanecer na casa da benzedeira depois do pôr do sol, pois em seus pensamentos era inadmissível a comunicação entre pessoas vivas e mortas. Para ela, a morte representava uma viagem interminável ou um abismo que só era transposto por entidades rebeldes, de caráter questionável.

Assim, nas poucas vezes que acompanhava o marido, a visita se limitava ao período diurno, e os dois sempre regressavam ao lar no mesmo dia.

Apesar da normalidade que a vida andava representando, um fato gerava preocupação, principalmente ao pai de Julia: ele não conseguia compreender por que a filha não engravidava. Seu sonho era que o genro lhe desse netos que herdassem do pai o mesmo vigor físico e a mesma disposição para o trabalho.

Dois anos depois do casamento, ele chegou a ser até grosseiro com João Lino ao questioná-lo:

– Por acaso você está fazendo a coisa direito, meu rapaz? – perguntou sem medir as palavras.

O genro respondeu de pronto que ele não tivesse dúvidas nesse quesito.

– Eu e a Julia não temos feito nada pra evitar gravidez – assegurou.

E justificou com a única explicação que seu limitado entendimento podia alcançar:

– Se até agora não veio filho foi porque Deus não quis.

Ele estava sendo sincero. Embora sua vida conjugal não fosse um mar de rosas no campo da sexualidade, em condições normais Julia já deveria ter engravidado, pois não tomava nenhuma medida anticonceptiva. Assim, no pensamento simplista de João Lino, a justificativa mais plausível para a ausência de fecundação da esposa era mesmo a de que Deus ainda não a havia autorizado.

Julia, por sua vez, não sentia falta de filhos. Na verdade, a única coisa que lhe faltava era algo que até aquela idade ela não havia experimentado, ou seja, a emoção de um sentimento arrebatador que fizesse vibrar as fibras de seu coração.

Não que isso seja um fenômeno obrigatório no destino das pessoas. Na verdade, há muitos que passam pela vida sem sentir os arroubos torrenciais de um amor eloquente, limitando-se à experimentação de relações mornas e, de certo modo, bastante cômodas.

Porém Julia não era dessas pessoas. O gérmen do sentimento passional e indomado encontrava-se adormecido no solo fértil de sua alma, esperando apenas as condições propícias para eclodir.

Até aquele momento, vivendo ao lado do marido que lhe fora imposto, apesar de se sentir protegida e amparada, tanto fazia que o dia amanhecesse com chuva ou sol; que a noite fosse escura ou estrelada; que os campos estivessem floridos ou queimados pela geada; que houvesse orquestra de pássaros ou um silêncio sepulcral entre os ramos das árvores... Tudo em sua rotina era de uma mesmice tediosa e aborrecida.

Inconscientemente, ela suspirava pelos cantos à medida que seu coração, intocado pelas tormentas da passionalidade, parecia inquietar-se como se previsse a realização de inusitados acontecimentos que estavam sendo preparados para se concretizarem a qualquer momento.

CAPÍTULO 5

Abel

Os maus Espíritos também se servem dos sonhos para atormentar as almas fracas e pusilânimes.
(O Livro dos Espíritos – Questão 402 – Boa Nova Editora)

Em outra região ruralista, bem distante de onde a família de Julia vivia, um jovem chamado Abel se sobressaltou ao ouvir um grito estridente seguido de uma gargalhada aterradora que parecia ter ocorrido bem ao lado de sua cama. Ergueu-se em um salto e, tateando no escuro, alcançou o interruptor do abajur que ficava sobre o criado-mudo. Suas mãos estavam trêmulas pelo susto e a testa porejava abundantemente.

Por um momento sentiu-se aliviado ao segurar o interruptor, mas, para seu desespero, o clique do pequeno objeto não surtiu o efeito esperado. A lâmpada não se acendeu e a escuridão pareceu intensificar-se ainda mais. O coração do rapaz começou a bater em um ritmo descompassado, pois outro grito ainda mais aterrador ecoou bem perto de seus ouvidos. Tentou se levantar, mas seu corpo parecia pesar uma tonelada.

Mãos enormes e robustas envolveram e começaram a apertar o seu pescoço, impedindo-lhe a respiração. Ele precisava interromper aquele processo de asfixia, mas logo notou que seus braços estavam paralisados. Não havia nada que pudesse fazer para se defender do ataque de que era vítima, em plena madrugada.

Abel começou a fazer um esforço descomunal para gritar, mas a voz não saía. Era como se sua garganta estivesse obstruída por um grande caroço. Ainda assim, continuou tentando se desvencilhar das mãos invisíveis que o enforcavam e o mantinham forçosamente preso ao leito. Enquanto relutava, prosseguia na tentativa de pedir socorro, mas os gritos e as gargalhadas se intensificavam e pareciam ecoar agora dentro de sua própria cabeça.

De repente, um clarão iluminou todo o cômodo e ele sentiu quando uma mão firme o agarrou pelo ombro e o sacudiu com força, enquanto uma voz ríspida ordenava:

– Acorda, Abel! Acorda, rapaz!

Era Cláudio, o irmão dois anos mais velho, que dormia no mesmo quarto e que o acordara em meio ao pesadelo, depois de acender a lâmpada.

Abel deu um salto, sentou-se na cama desnorteado, esfregou os olhos diversas vezes e ficou olhando para o vazio, tentando aclarar as ideias.

– Mas que diabos, rapaz! – o irmão disse irritado. – Desse jeito não dá pra dormir aqui, não. Toda noite é a mesma coisa... Esses gritos no meio da madrugada, essa histeria... Você parece maluco!

Abel nem prestou atenção às palavras de Cláudio. Continuava com o olhar parado, a respiração opressa, o peito arfante... Sua garganta estava seca e ardia terrivelmente, como se ele houvesse engolido uma labareda.

Ainda resmungando, Cláudio voltou para a cama, que ficava encostada na parede oposta, e logo estava ressonando pesadamente. Mas Abel não conseguiu mais pegar no sono e não apagou também a lâmpada do abajur, que permaneceu acesa até que os raios do sol se infiltrassem pelas frestas que havia no desvão das telhas e entre as tábuas da janela, promovendo claridade na penumbra do quarto.

Somente nesse momento ele conseguiu relaxar e se permitiu dormir. Mas logo precisou levantar, pois os afazeres do sítio começavam muito cedo e só terminavam no comecinho da noite. Além de ter que enfrentar um dia de trabalhos pesados, ainda o faria com a inevitável sonolência provocada pela noite maldormida.

Quando Abel entrou na cozinha, onde a mãe já o esperava com o café coado e um bolo de fubá assado de véspera, encontrou o irmão se queixando com ela sobre a ocorrência da madrugada. Na verdade, o relacionamento entre os dois irmãos era bastante complicado desde a infância. Por ser mais velho, Cláudio se sentia no direito de dar ordens ao caçula e chegava mesmo a abusar dessa condição de autoridade.

Abel não costumava se submeter aos caprichos do irmão e as brigas eram constantes entre eles. Por ser mais forte fisicamente, Cláudio sempre levava vantagem nos confrontos, o que só fazia ampliar os sentimentos adversos do caçula para com ele. Em contrapartida, Cláudio nutria grande mágoa por achar que Abel era superprotegido pela genitora e vivia criando situações em que pudesse, de alguma forma, desforrar-se do rapaz.

– Desse jeito não vai dar – Cláudio se queixava com a mãe. – Ou o Abel para com esses chiliques de pesadelo ou vai dormir em outro lugar. Toda noite é esse inferno de ter que acordar de madrugada e dar uns solavancos nele. Se não faço isso, ele passa a noite inteirinha se debatendo e grunhindo feito bicho.

Emília o ouvia atentamente, com um olhar preocupado. Com a chegada do caçula, o filho mais velho, que já havia tomado café, saiu pisando duro, demonstrando grande insatisfação.

Abel sentou-se desanimado, bocejando enquanto um líquido morno escorria dos cantos de seus olhos. A mãe o serviu, despejando café em uma grande caneca e cortando um generoso pedaço de bolo para que ele comesse. Mas o rapaz empurrou o desjejum com as costas da mão e fez uma careta.

– Estou sem fome, mãe.

Ela colocou as duas mãos na cintura e o encarou.

– Mais essa agora, meu filho? Além de não dormir direito, vai parar de comer também?

Ele apoiou os cotovelos sobre a mesa e envolveu o rosto com as duas mãos. Tudo o que desejava naquele momento era voltar para a cama.

– O que a senhora quer que eu faça? Acha que eu tenho pesadelos porque quero? Que arrume fome onde não tenho? – perguntou irritado.

Emília ameaçou dar uma bronca no filho, dizendo que ele não podia falar naquele tom de voz. Mas percebeu o quanto Abel estava angustiado e mudou de ideia. Sentou-se ao lado dele e perguntou:

– O que está acontecendo, meu filho?

– Eu não sei, mãe! – ele interrompeu dando um soco na mesa.

– Pelo amor de Deus, não fique me olhando desse jeito! Eu não estou fazendo nada de errado, mas toda noite é esse inferno... Sonho que tem alguém tentando me enforcar, enquanto fica dando gargalhadas e falando coisas muito ruins...

O desabafo agressivo de Abel terminou com uma explosão de choro que deixou sua mãe assustada e comovida. Ela se levantou, aproximou-se ainda mais e o envolveu em um abraço.

– Calma! Calma, meu filho! Vamos pensar num jeito de resolver isso. Não é possível que não tenha um jeito de resolver, meu Deus do céu!

Ficaram abraçados até que Abel se acalmasse. Depois ele engoliu com má vontade apenas um gole de café e foi ao encontro do irmão, que estava no curral, recolhendo para a ordenha as duas dúzias de reses que possuíam.

Emília ficou com o coração aflito, pensando na possibilidade de estar revivendo as mesmas angústias de um passado não muito remoto. Essa lembrança a deixou em pânico e fez com que lágrimas de tristeza banhassem-lhe o rosto diversas vezes naquele dia.

CAPÍTULO 6

Irmãos

Os verdadeiros laços de família não são, pois, os da consanguinidade, mas os da simpatia e da comunhão de pensamentos que unem os Espíritos.
(O Evangelho segundo o Espiritismo – Capítulo 14 – Item 8 – Boa Nova Editora)

Logo depois do almoço, que fizeram praticamente em silêncio, Abel deitou-se à sombra de um abacateiro que havia no quintal e entregou-se a um sono revigorante de meia hora, já que havia se comportado feito um zumbi enquanto realizava as tarefas da parte da manhã, sendo repreendido pelo irmão em diversos momentos.

Em sua ausência, Emília e Cláudio puderam conversar mais à vontade à mesa de refeição:

– Estou muito preocupada com o seu irmão – a mulher disse, lançando para o filho mais velho um olhar de aflição.

– Pois eu estou preocupado é com o andamento dos trabalhos no sítio – Cláudio respondeu sem retribuir ao olhar dela, compenetrado em descascar um abacaxi que pretendia devorar como sobremesa. – Logo agora, que estou praticamente fechando negócio com os filhos do finado Aureliano...

– Quer dizer que você está mesmo levando a sério a possibilidade de comprar as terras deles? Não acha que é arriscado demais, meu filho?

– O único risco que se corre é o de ficar rico – ele respondeu com ênfase. – E disso eu não tenho medo algum! – completou dando uma gargalhada.

Depois, com um tom de voz mais sério, explicou:

– Veja bem, mãe, a produção de queijo caseiro, que sempre nos serviu de renda, nunca vai nos dar uma boa condição de vida. Se continuarmos com isso, o máximo que vamos conseguir é não passar fome, como tem sido até aqui, mas nós nunca teremos uma vida confortável, com algum dinheiro sobrando e fartura de comida em nossa mesa.

À medida que falava, Cláudio ia se empolgando e sua voz adquiria um tom bastante persuasivo:

– O valor que os herdeiros do falecido estão pedindo por aquelas terras é uma pechincha. Como a propriedade deles faz divisa com a nossa, vai ser muito fácil; é só derrubar as cercas e juntar tudo. Além disso, depois que o velho morreu, ficou tudo abandonado por lá, virando capoeirão. Os filhos moram na capital, têm suas vidas bem resolvidas na cidade grande e não querem vir aqui nem a passeio.

– Mas, meu filho, não será terra demais pra ser cuidada?

– Por isso eu disse que estou preocupado. Achei que pudesse contar com o Abel, mas pelo visto aquele preguiçoso será sempre um inútil, um peso morto...

– Não fale assim do seu irmão! – Emília ralhou irritada. – Não sei por que você implica tanto com ele. O Abel é tão trabalhador quanto você e, antes de começar a ter esses pesadelos, nunca foi de rejeitar serviço. Ele só está passando por um mau momento, viu? É só isso.

Cláudio fez um ar de deboche, como quem diz: "acabou o discurso?", e continuou dizendo o que lhe interessava:

– Como eu dizia, vou ter que me virar sozinho mesmo. Quer dizer, sozinho é modo de falar; vou ter que contratar um ou dois camaradas pra me ajudarem.

– Contratar? Mas com que dinheiro?

Cláudio havia acabado de descascar o abacaxi. Partiu-o em quatro pedaços, fisgou um deles com a ponta da faca e ofereceu à mãe, que recusou gesticulando e fazendo uma careta, como a dizer que era acidez demais para o seu estômago. Então ele enfiou a fruta na boca e mastigou ruidosamente. Antes mesmo de engolir, respondeu, com o sumo a escorrer pelos cantos dos lábios:

– Não pretendo cultivar aquelas terras, mãe. Vou engordar boi para o abate. Andei conversando com algumas pessoas do ramo e descobri que é um negócio muito lucrativo. A pastagem ali é boa e, juntando as terras do finado com as nossas, vai dar pra engordar uma boa quantidade de gado.

– Mas... Onde você vai arranjar dinheiro pra isso, meu filho?

– Bom, o dinheiro para a compra das terras será fácil, porque os herdeiros facilitaram o pagamento em suaves prestações e nem exigiram entrada. O próprio lucro da engorda vai me permitir pagar as promissórias.

– Sim, mas não basta comprar as terras...

– É claro que não. A senhora acha que eu não pensei nisso? Já fiz um levantamento sobre todas as despesas e continuo achando que a ideia é muito boa. Para os investimentos que terei de fazer em instalações, adequação da pastagem e outras providências necessárias, eu vou fazer um empréstimo bancário.

– E você acha que vai conseguir? – Emília perguntou, duvidando da possibilidade de o filho tornar real o ousado projeto.

Cláudio acenou vigorosamente com a cabeça.

– Acho, não. Tenho certeza! Já conversei com o gerente do banco; ele achou a ideia muito interessante e me propôs um financiamento em condições especiais, de acordo com um programa do governo para incentivo à agropecuária. Vou ter um tempo pra começar a pagar, e os juros serão bem mais baixos do que os dos empréstimos normais.

Emília ficou olhando para o filho, que devorava com sofreguidão mais um pedaço de abacaxi, e pensou que cada vez que olhava para ele era como se o estivesse vendo pela primeira vez. Cláudio era tão determinado que chegava a assustá-la.

As personalidades opostas de seus dois filhos se tornavam cada vez mais evidentes. Abel era sensível, frágil de corpo e alma, não se alimentava direito, dormia pouco e quase não falava; Cláudio era um homenzarrão intempestivo e decidido, comia muito, dormia bem e não media palavras para expor o que pensava. Duas pessoas tão diversas geradas no mesmo útero, frutos da mesma origem e tão igualmente amadas por ela.

– Há apenas uma questão sobre a qual precisamos conversar – advertiu Cláudio com uma leve ruga de preocupação a demarcar-lhe a fronte.

– *Ai, ai, ai!* Pela sua cara, não deve ser boa coisa – Emília observou apreensiva.

— É apenas uma formalidade — o rapaz disse, fazendo um gesto de descaso com as mãos. — Mas, sem isso, eu não tenho como conseguir o empréstimo.

— E do que se trata, afinal?

— Vamos ter de hipotecar o sítio. Oferecê-lo como garantia.

Emília espalmou as duas mãos sobre o peito e arregalou os olhos.

— Não, meu filho! Isso não! Esta propriedade é a nossa única garantia de sustento; é o nosso lar...

— Mas é muito pouco, mãe! — Cláudio a interrompeu com sua voz de trovão. — A senhora não percebe que, se não nos mexermos, vamos passar a vida toda nessa miséria?

— Nossa vida não é miserável.

— Depende do ponto de vista. Pode não ser pra senhora, mas pra mim é uma miséria sem precedentes; uma vida na qual se trabalha do raiar do dia à noite, sob sol e chuva, sem se conseguir a menor regalia. Enquanto isso há tanta gente abastada no mundo! Pessoas que não levantam uma palha e vivem com os bolsos estufados.

— Pouca gente enriquece, meu filho.

— Sim! Poucos enriquecem, porque a maioria pensa como a senhora. Acham que o melhor a fazer é acomodar-se com as migalhas que têm. Que bastam umas terrinhas minguadas, um rebanhozinho medíocre pra produzir meia dúzia de queijos e um telhado sobre a cabeça pra se sentir realizados. Eu penso como essa minoria que enriquece. Não me contento com pouco, mãe. Quero ser rico, bem-sucedido e respeitado como investidor.

Emília baixou a cabeça. Não tinha argumentos para vencer a determinação de seu filho, que encerrou a conversa com um ultimato:

— Pense bem sobre o que lhe falei, dona Emília. Se a senhora decidir que não devemos oferecer o sítio como garantia pra conseguir o empréstimo, terei de respeitar a sua vontade, mas asseguro que não ficarei nem mais um dia ao seu lado. Vou desaparecer no mundo em busca de melhor sorte. Prepare-se pra tocar a vida sem os meus serviços.

Cláudio se levantou e saiu pisando duro. Emília ficou pensativa e extremamente preocupada com o que acabara de ouvir. Sabia que o filho estava determinado a cumprir cada palavra proferida. Um misto de entusiasmo e aflição a envolvia. Se o projeto do rapaz fosse bem-sucedido, a vida da família realmente ficaria muito melhor. Porém, se desse errado, poderiam perder o pouco que possuíam.

E foi com essas dúvidas a lhe atormentarem o juízo que ela foi acordar Abel sob o abacateiro.

CAPÍTULO 7

Preocupações

> *Quando a obsessão degenera em subjugação e em possessão [...] o paciente perde, por vezes, a sua vontade e o seu livre-arbítrio.*
> (*O Evangelho segundo o Espiritismo* – Capítulo 28 – Item 81
> – Boa Nova Editora)

Emília se aproximou do filho adormecido, observou seu rosto triste e sentiu o coração aflito. Apesar da juventude dos dezoito anos, o rapazinho ostentava olheiras, parecendo ter envelhecido demais nos últimos seis meses, ou seja, desde que começara a ser perturbado pelos pesadelos.

Sacudiu-o levemente pelos ombros.

– Acorda, meu filho! O seu irmão já voltou ao trabalho.

Abel se levantou espreguiçando. Bocejou várias vezes, calçou as botinas que havia usado como travesseiro e saiu meio cambaleando pelo quintal. Notava-se que não havia satisfeito o sono. A mãe o acompanhou de perto.

– Está se sentindo melhor? – perguntou.

– Um pouco melhor – ele respondeu com voz baixa. – Se pudesse, passava o resto do dia dormindo...

– E vai trocar a noite pelo dia? Não pode, meu filho. Se criar o hábito de dormir durante o dia, aí é que você vai mesmo passar as noites sem conseguir pregar os olhos, compreende?

– Mas, se for pra ter tantos pesadelos durante a noite, eu prefiro ficar acordado – ele retrucou com desânimo.

E assim Abel voltou às tarefas juntamente com Cláudio, que, de tão mal-humorado, não lhe dirigiu uma palavra sequer naquele dia. A relação entre os dois ficava a cada dia mais complicada.

Diante de todos aqueles acontecimentos, Emília, enquanto cuidava de seus afazeres, não conseguiu deixar de lamentar a ausência do marido e de se lembrar do passado.

Casara-se bem jovem. Vicente, o esposo, era poucos anos mais velho do que ela. Logo depois do casamento os dois passaram a morar no sítio onde o marido trabalhava como meeiro e que comprara um pouco antes de se casar.

Três anos depois do matrimônio, Emília engravidou e deu à luz Cláudio, criança forte, corada e risonha. O nascimento do primeiro filho trouxe muita alegria ao lar. Dois anos depois ocorreria o nascimento de Abel. Renovada felicidade iluminou o ambiente familiar e tudo corria com muita tranquilidade em suas vidas.

Porém, algum tempo depois, Vicente começou a ter pesadelos constantes em meio aos quais dava gritos aterradores, socando o travesseiro e ordenando que o deixassem em paz. Quando a esposa o acordava e perguntava o que havia sonhado, ele simplesmente dizia não se lembrar de nada.

Esses pesadelos duraram um longo tempo e, um dia, em plena madrugada, ele acordou a esposa dizendo que precisava de ajuda para expulsar os animais que haviam invadido a casa. E foi tão convincente, que Emília se levantou apressada e correu para a sala, onde o marido gritava aos invasores invisíveis:

– Saiam daqui, cavalos e vacas do inferno! Vão embora, porcos, galinhas e cabras...

Enquanto gritava, ele agitava no ar um chicote também fictício. Emília ficou paralisada diante daquela cena absurda. Tentou chamá-lo à razão, mas não adiantou. Vicente estava compenetrado demais no que fazia.

Conduziu a bicharada invisível pelo corredor e abriu a porta da cozinha, por onde, em sua cabeça, todos deveriam sair. Só depois que expulsou o último animal criado pelo próprio devaneio foi que decidiu voltar para a cama.

Deitou-se, virou-se para o canto e pegou no sono instantaneamente, para assombro da esposa, que passou o resto da noite acordada, rezando e chorando baixinho para não incomodá-lo.

No dia seguinte, o chefe da família não se lembrava do que havia ocorrido. Mas acordou se queixando de uma terrível dor de cabeça, da qual jamais conseguiu se livrar.

Desde então, a vida naquele lar, que apesar de sacrificada era tranquila, tornou-se um inferno. Vicente deixou de ser o chefe de família zeloso e coerente de sempre e se transformou em uma pessoa instável e temperamental.

Passou a alternar momentos de plena lucidez – quando desenvolvia todas as tarefas do sítio e tratava a esposa e os filhos com o costumeiro zelo – com outros de grande instabilidade emocional. Nesses momentos de desequilíbrio, além dos pesadelos e das crises sonambúlicas ocorridas em plena madrugada, tornava-se agressivo e falava com um tom de voz enérgico, dando ordens absurdas que deixavam Emília atemorizada:

– Vá acordar aqueles dois vagabundos que só sabem dormir – dizia referindo-se aos filhos pequeninos, que dormiam no quarto contíguo. – Traga-os à minha presença, que vou surrá-los até que aprendam a me obedecer.

Outras vezes, determinava:

– Mande o capataz reunir os homens e os cachorros. Hoje vai ter caçada e eu quero todo mundo no terreiro em meia hora, entendeu? Meia hora!

O repertório de ordens absurdas e desconexas foi se ampliando. Inicialmente, Emília não sabia como lidar com aquilo, mas com o tempo percebeu que nada podia ser feito, a não ser fingir obediência.

– Traga-me as esporas de prata pra cavalgar – ordenava Vicente.

– Sim, senhor! – a mulher respondia.

Segundos depois, ele cobrava:

– Cadê as esporas que mandei trazer?

– Estão aqui, meu senhor.

Vicente, mesmo deitado e de olhos fechados, parecia calçar alguma coisa, sempre resmungando que as esporas estavam amassadas, que a bota estava suja, ou que a sela da montaria não estava bem ajustada.

– Esses camaradas são uns incompetentes – ele costumava gritar, antes de voltar a dormir em febril agitação.

Recordando agora as ocorrências do passado, Emília se preocupava com o futuro de Abel. Temia que o rapaz pudesse ter o mesmo destino do pai e, só de pensar nisso, sentia um dolorimento no coração, seu semblante se turvava e as lágrimas escorriam de seus olhos.

Não bastasse essa preocupação, surgia agora Cláudio com o seu desejo de ascensão financeira e aquele ousado projeto que poderia fazê-los perder as únicas posses de que eram proprietários.

Enquanto ruminava todos esses dissabores, Emília balançava a cabeça e ficava repetindo em voz alta, em um melancólico diálogo consigo mesma:

– Preciso fazer alguma coisa, meu Deus! Preciso fazer alguma coisa...

Naquele mesmo dia, um pouco antes de anoitecer, Cláudio selou o cavalo, montou e saiu a galope, dizendo que iria tratar de negócios. Estava indo para o armazém de Anacleto, única casa comercial existente na região e que funcionava como ponto de encontro entre os moradores das redondezas.

Ele pretendia encontrar-se com dois camaradas experientes na engorda de bois. Se tudo saísse como planejado, deveria contratá-los para ajudar nas tarefas, pois cada vez ficava mais claro que seria inútil contar com a ajuda do irmão para a consecução de seus projetos.

CAPÍTULO 8

Insanidade

Os Espíritos vingativos perseguem frequentemente com seu ódio, além do túmulo, aqueles contra os quais conservaram rancor.
(O Evangelho segundo o Espiritismo – Capítulo 10 – Item 6
– Boa Nova Editora)

Depois de jantarem, Emília e Abel se sentaram em torno de um balaio cheio de espigas de milho que usavam para alimentar porcos e galinhas, e começaram a debulhá-las dentro de uma grande peneira que a mulher apoiava em seu colo. Enquanto trabalhavam, ela falou sobre os planos do filho mais velho:
– Seu irmão está pretendendo comprar as terras do finado Aureliano. Disse que vai engordar bois para o abate.
– O Cláudio quase não fala comigo, mãe, mas eu já ouvi essa conversa por aí. A senhora está preocupada?
– Sim, meu filho. Principalmente porque nós não temos dinheiro para investimentos. O Cláudio disse que vai fazer um empréstimo no banco, mas teremos de dar o sítio como garantia.
Abel a olhou espantado.
– É mesmo? E a senhora concordou com isso?
– Não concordei ainda, mas não tenho alternativa. Ele disse que vai embora de casa se eu não aceitar a proposta.
O rapazinho fez um ar de indignação.
– Que absurdo, mãe! O Cláudio não tem o direito de fazer essa chantagem com a senhora. O sítio não é só dele...
– Eu sei, Abel. Mas o seu irmão não deixa de ter alguma razão. Ele disse que a vida que levamos aqui, com essa pequena produção de queijo caseiro, é uma miséria, e nesse ponto ele está correto. O Cláudio sonha em se tornar um grande investidor; um homem rico e respeitado...
– Mas deveria alcançar os objetivos por seus próprios meios e não contrariando os interesses da senhora. Apesar de ninguém ter perguntado a minha opinião, eu já vou dizendo que sou contra essa ideia de hipotecar o nosso sítio.

Emília lançou um olhar para o vazio.

– Fazer o quê? Ah, como eu gostaria que seu pai estivesse aqui...

Nesse momento, a expressão no rosto de Abel se tornou sombria.

– É mesmo, mãe. Por que ele tinha que fazer aquilo?

– Não sei, meu filho. Às vezes eu me sinto culpada, mas não tenho ideia do que poderia ter feito pra evitar o que aconteceu.

– Pois é. A senhora fala, fala e fala sobre esse assunto, mas pra mim a história continua incompleta. É como se alguma peça não se encaixasse nesse quebra-cabeça.

A observação de Abel era porque algo lhe dizia que a mãe nunca contava a história de modo integral. Dava a impressão de que Emília escondia alguma coisa. Além disso, ele também começava a perceber semelhanças entre o que acontecera ao pai e o que lhe acontecia agora.

– Eu falo sobre o que sei, Abel. O que se passou pela mente do seu pai só ele poderia explicar...

– Mas ele não pode.

Emília sacudiu a cabeça.

– Infelizmente, não.

– A senhora acha que ele está sofrendo?

A mulher suspirou fundo, ergueu os olhos, como se buscasse uma imagem invisível na cumeeira enegrecida pela fumaça do fogão a lenha, e exclamou:

– Com certeza, está.

– Como é que a senhora sabe?

Ela jogou em um canto da cozinha o sabugo da espiga que acabara de debulhar, colocou as duas mãos no peito e disse:

– Alguma coisa aqui, no meu coração, diz que ele se arrependeu do que fez. Seu pai não era um homem ruim, nem irresponsável. Ele estava passando por uns problemas e eu acho que não aguentou a pressão. Por isso tomou a atitude insensata de dar fim à própria vida.

– Mas que tipo de problemas ele tinha?

– Vários. Inclusive financeiros. Mas o mais grave era de saúde.

– Ele estava doente?

– É... Podemos dizer que sim.

– Mas que tipo de doença?
– Não sei ao certo, meu filho...
– Mas ele se queixava do quê?
– De dores de cabeça muito fortes.
– E por que ele não foi ao médico?
– Não era assim tão simples. Naquela época não havia médico em nossa cidade, que já não fica perto. Pra se tratar, ele teria de ir à capital, que é ainda mais distante, e não havia recursos pra isso, nem condições de deixar o sítio. Você tinha acabado de nascer e o seu irmão ainda engatinhava pela casa. Seu pai procurou ajuda por aqui mesmo, andou tomando uns remédios caseiros feitos à base de ervas, mas não adiantou muito.
– Ele não melhorou?
– Não, meu filho. Ele fez o que pôde pra ficar bom, mas não teve jeito. Um dia, seu pai começou a gritar que a dor de cabeça estava insuportável. Montou a cavalo e saiu de casa bem cedinho, dizendo que ia procurar ajuda. Era um dia chuvoso e frio. Eu fui até a janela, abri apenas uma fresta para o vento não adoecer você e o Cláudio, e o vi se afastar a galope. Foi a última visão que tive dele vivo...

Emília falava com voz triste, quase em pranto.

– Esperei pelo seu pai o dia todo, mas a noite caiu sem que ele voltasse. Achei muito estranho, porque o Vicente nunca havia se afastado de casa por tanto tempo sem me dizer aonde ia. Além disso, era muito apegado a você e ao seu irmão. Nunca dormia sem dar a bênção a vocês. Passei a noite em claro. No dia seguinte, o tempo estava um pouco melhor. Enrolei você em muitos cueiros, agasalhei também o seu irmão e fui atrás de notícias, mas as poucas pessoas que pude encontrar disseram que não o tinham visto. Voltei pra casa com a esperança de encontrá-lo aqui, mas outra decepção me esperava: a casa continuava tão vazia quanto eu a deixara de manhã.

Enquanto ouvia as palavras da genitora, Abel se entristecia remontando mentalmente aquela triste via-sacra. Ele não se lembrava de nada daquilo, pois à época era apenas um bebê. Mas era como se a descrição da mãe o colocasse dentro da história, provocando-lhe inevitável nostalgia.

– No dia seguinte, logo pela manhã, recebi a notícia de que haviam encontrado o corpo do Vicente dependurado numa árvore. Ele havia se enforcado à margem de um capoeirão, num lugar bem distante daqui.

A voz de Emília soou em um tom lamurioso ao dizer essas últimas palavras, que foram seguidas de um longo silêncio, até que ela voltasse à narrativa:

– Os dias seguintes foram de muito sofrimento e angústia pra mim. Para o sítio não ficar abandonado, eu tive de assumir as tarefas que seu pai fazia, além de ter que cuidar de você e do Cláudio. Todos os dias, eu acordava com a ilusão de que nada daquilo havia acontecido de fato; que tudo não passara de um pesadelo e que ele iria voltar pra junto de nós. Mas o tempo foi passando, a ilusão se dissipou de vez e a realidade se mostrou imensamente fria e cruel.

Emília mirou o filho com os olhos marejados e completou com um suspiro:

– Faz muitos anos que o seu pai nos deixou...

– E a senhora acha que ele continua sofrendo?

– Não tenho dúvidas, meu filho. Infelizmente, eu não posso acreditar que a pessoa que foge de suas responsabilidades, optando por destruir a própria vida, consiga viver em paz.

– Viver? Mas ele não está morto?

– Aí é que está a questão. Eu sinto que ele não está realmente morto. É como se o Vicente estivesse preso em um mundo estranho, onde não dispõe do corpo físico que ele próprio destruiu, mas também não consegue se livrar do arrependimento pelo que fez. Não sei nada sobre isso e prefiro não ficar pensando muito a respeito, mas é o que eu pressinto.

Pesado silêncio recaiu sobre eles. De repente, o ruído do vento a agitar as folhas do abacateiro tornou-se terrivelmente inquietante. Um turbilhão começou a se manifestar nos pensamentos de Abel, misturando imagens desconexas do pai suicida, vagando por um mundo desconhecido e sombrio, torturado pela consciência culpada.

Pensava também na atitude egoística do irmão mais velho chantageando a mãe para que, mesmo contra a vontade, aceitasse hipotecar o sítio. E foi repleto de sentimentos negativos que ele se despediu de Emília, beijando-a na testa, e dirigiu-se ao quarto para dormir.

CAPÍTULO 9

Agressão

A palavra possesso não deve se entender senão como a dependência absoluta em que a alma pode se encontrar em relação a Espíritos imperfeitos que a subjugam.
(O Livro dos Espíritos – Questão 474 – Boa Nova Editora)

Cláudio retornou para casa bastante cansado. Por volta de onze horas da noite, deitou-se e, quando começava a pegar no sono, percebeu que Abel estava bem próximo à sua cama. Ele levou um susto quando viu que o irmão erguera a mão direita e desferira um violento golpe em sua direção. Em um gesto brusco, conseguiu segurar o braço de seu agressor, mas sentiu a ponta afiada de um punhal perfurar-lhe a mão.

Os dois entraram em luta corporal e, por ser bem mais forte fisicamente, Cláudio conseguiu desarmar o rapazinho, jogando longe a arma que o ferira. Emília, que dormia no quarto contíguo, acordou com aquela barulheira, correu para o quarto dos filhos, acendeu a lâmpada e se deparou com a cena caótica.

Os dois rapazes estavam atracados, e Cláudio sangrava por um ferimento na mão direita. Ele mantinha o irmão sob controle, tendo-o enlaçado pelo pescoço com seus braços musculosos. Enquanto se debatia, tentando se soltar, Abel mantinha o olhar parado e um semblante ameaçador.

– O que está acontecendo aqui? – Emília gritou, apavorada.

– Esse maluco tentou me matar – respondeu Cláudio, com a voz trêmula. – Olha lá o punhal onde eu o joguei.

A mulher lançou um olhar inquiridor para o filho caçula, mas ele a ignorou completamente, preocupado apenas em tentar se desvencilhar dos braços do irmão e alcançar a arma.

– Abel, o que está acontecendo? – Emília insistiu.

O rapaz grunhiu com a voz carregada de ódio:

– Esse maldito tem que morrer.

A mulher estremeceu, pois reconheceu naquela pronúncia o mesmo timbre de voz que Vicente usava no passado em seus surtos sonambúlicos. Assustada, ela voltou a perguntar:

– O que está acontecendo?

– Está acontecendo que o Abel está maluco! – gritou Cláudio.

– Se eu não tivesse acordado, estaria morto a essa hora, mãe. Esse louco teria me apunhalado sem que eu pudesse me defender.

Ela se aproximou, olhou demoradamente para o rosto de Abel, e duas lágrimas escorreram de seus olhos. Seu coração de mãe estava mais oprimido do que nunca. O que estaria acontecendo com aquele menino?

– Solte o seu irmão – ela disse a Cláudio.

– De jeito nenhum!

– Ele não vai lhe fazer mal.

– Como é que a senhora sabe?

Ela colocou a mão no ombro do filho mais velho.

– Por favor, solte o Abel. Vamos cuidar desse ferimento.

Ainda relutante, Cláudio soltou o irmão. Porém, assim que se viu liberto, o rapazinho voltou a se tornar agressivo. Começou a quebrar os móveis do quarto e a urrar feito uma fera. Seus olhos tornaram-se assustadoramente frios e ameaçadores.

Cláudio teve muito trabalho para contê-lo desta vez. Jogou-o ao chão e sentou-se sobre o abdômen dele, prendendo-lhe os braços.

– Traga uma corda, mãe. Rápido!

Emília saiu por uns segundos e voltou com uma corda. Cláudio a enrolou em torno do corpo de Abel, prendendo principalmente seus braços e pernas. Enquanto era amarrado, o rapazinho urrava feito um bicho, babando e dizendo palavras desconexas.

Depois que Abel foi subjugado, Cláudio, cansado da luta e ainda com o ferimento sangrando, jogou-se em um canto do quarto e murmurou:

– Que droga de vida! Trabalha-se feito um escravo durante o dia e nem se pode dormir em paz à noite.

Emília estava em choque.

– O que vamos fazer com o seu irmão, meu filho? – perguntou chorando.

Cláudio a encarou.

– Bem... Dormir no mesmo cômodo que ele eu não vou mesmo.

– Ele está amarrado...

– Mas eu não confio, mãe. A força que ele arranjou é muito grande. Eu não vou dar a ele a chance de me matar.

– E o que vamos fazer?

– Deixa comigo.

Cláudio obrigou Abel a se levantar e o arrastou para o quintal. A noite estava quente e iluminada pela lua. O rapaz foi levado até o tronco do abacateiro e fortemente amarrado a ele.

– O quê? – gritou Emília. – Você vai deixar o seu irmão passar a noite amarrado a esta árvore? Ao relento?

– Vou.

– Não faça isso!

– Ah, não? A senhora prefere que eu o deixe cravar um punhal no meu pescoço enquanto estiver dormindo? E quem disse que não fará o mesmo à senhora também?

– Mas...

– Olha, mãe, se a senhora quiser passar a noite com ele aqui fora, eu não posso fazer nada pra impedir. Mas eu preciso dormir. Estou cansado. Daqui a pouco o dia amanhece e tenho muito trabalho me esperando.

A mulher voltou a chorar.

– Meu Deus! Meu Deus! O que está acontecendo nesta casa?

Cláudio sentiu pena dela. Aproximou-se, abraçou-a e serenou o tom de voz.

– Não chore, mãe. Isso não vai adiantar nada...

– O que vamos fazer com o seu irmão, meu filho?

– Amanhã, com a cabeça fria, a gente pensa nisso. Agora vamos dormir.

– Eu não vou conseguir dormir em minha cama sabendo que o Abel está aqui fora. Mas vamos lá. Eu vou cuidar desse seu ferimento.

Os dois entraram. Emília, sempre chorando, cuidou do ferimento na mão de Cláudio, que logo foi para a cama. Ela pegou um cobertor e saiu. Forrou o chão próximo de onde Abel estava, deitou-se e ficou observando-o. Àquelas alturas ele roncava pesadamente, entregue a um sono inquietante. Os pensamentos de Emília estavam confusos e seu coração experimentava uma espécie de dolorimento difícil de explicar.

De repente, o silêncio foi quebrado pela voz gutural que o rapaz, mesmo dormindo, emitia em tom autoritário e severo:

– Onde está aquele patife que tirou de mim todos os bens que eu possuía? Traga-o aqui agora! Vou ensinar-lhe a não se meter comigo.

Emília sentiu um arrepio percorrer-lhe o corpo da cabeça aos pés. Olhou para o filho que ressonava inquieto e, embora de olhos fechados, movia nervosamente as mãos, tentando livrar-se das amarras.

– Traga meu chicote também! – voltou a ordenar. – Vou arrancar o coro daquele infeliz a chibatadas, ele vai ver só...

Percebendo que aquela ladainha não terminaria tão cedo, a mulher tapou os ouvidos com as mãos e tentou manter-se calma, apesar de toda a amargura que lhe envolvia a alma. E foi assim que viu o dia amanhecer, sem ter conseguido dormir por um minuto sequer.

CAPÍTULO 10

Manicômio

Nos casos de obsessão grave, o obsidiado está como envolvido e impregnado de um fluido pernicioso.
(O Evangelho segundo o Espiritismo – Capítulo 28 – Item 81
– Boa Nova Editora)

A decisão foi tomada com muita relutância por parte de Emília, mas Cláudio estava convicto do que fazia. Abel já não tinha mais condições de permanecer em casa. Depois daquele grave ataque ao irmão, seu comportamento se tornara bastante instável, alternando momentos de completa inércia com outros de extrema violência.

Durante essas crises, ele quebrava qualquer coisa que lhe chegasse às mãos e se autoagredia também, mordendo o próprio corpo, a ponto de provocar graves lesões.

A única forma encontrada pela família para mantê-lo sob controle foi deixando-o amarrado ao tronco do abacateiro, tendo o cuidado de que seu rosto ficasse bem preso, por causa das mordidas que ele aplicava em si mesmo.

Para se proteger do sol e da chuva, Cláudio improvisou uma tenda precária em torno da árvore, coberta com sapé, e ali passou a ser o cativeiro de Abel, cujo comportamento não se modificava. A alimentação e a água precisavam ser colocadas em sua boca; às vezes ele ingeria, outras vezes regurgitava.

Depois de duas semanas naquele sofrimento, o irmão mais velho deu um ultimato:

– Chega, mãe! Eu não aguento mais essa situação. Vou resolver isso de uma vez por todas.

Emília o olhou com grande aflição.

– O que você pretende fazer com o meu menino?

– Andei conversando com uns amigos lá na cidade. Eles me orientaram a internar o Abel num manicômio.

Emília levou as duas mãos à cabeça.

– Meu Deus! Manicômio é lugar de gente louca...

– Exatamente por isso – respondeu Cláudio. – Do modo como o Abel tem se comportado, a senhora ainda duvida de que ele esteja louco?

Ela silenciou. Era horrível ter que admitir, mas Cláudio estava coberto de razão. Entretanto, uma coisa era admitir e outra muito diferente era concordar em mandar seu filho para uma casa de loucos.

Percebendo a angústia dela, Cláudio, mesmo não sendo muito afeito a gestos de afetividade, abraçou-a e disse:

– Mãe, se houvesse alternativa, eu não mandaria meu irmão para o sanatório, mas não há o que fazer. A forma como nós estamos mantendo o Abel é desumana. Ele não vai poder passar o resto da vida amarrado a essa árvore, como se fosse um animal selvagem.

– Mas ele pode melhorar...

– Melhorar? Quando? Faz uma semana que ele está aí e não vimos melhora nenhuma até agora. Pelo contrário, a cada dia ele parece piorar. Sem contar que, vivendo ao relento e se alimentando mal, ele pode acabar contraindo uma doença física, o que só complicaria ainda mais as coisas.

Emília pousou os olhos aflitos sobre o filho caçula e teve de concordar que Cláudio tinha razão. Abel parecia um espantalho com aquela cabeleira despenteada, as roupas amarfanhadas e sujas, mãos arroxeadas pelos nós apertados da corda...

– Além disso, eu preciso tocar a vida – prosseguiu Cláudio. – Tenho que dar andamento aos negócios. Já contratei o Quincas e o Arildo pra trabalharem comigo na engorda de bois. O sítio foi aceito como garantia e o dinheiro está disponível no banco pra iniciar os trabalhos. Não posso ficar perdendo tempo com uma questão que não vou poder resolver. Vamos deixar os médicos cuidarem do Abel. Quando ele melhorar, nós o trazemos de volta pra casa.

Emília sentiu os olhos marejarem.

– E onde fica esse tal manicômio, meu filho?

– A uns trezentos quilômetros daqui, numa cidade famosa por acolher doentes mentais de vários cantos do Brasil.

– E como é o tratamento lá?

– Dizem que é bom. O hospital conta com os melhores profissionais e os equipamentos mais modernos pra tratamento de deficientes mentais.

– Mas isso não custa dinheiro?

– Sim, custa. Mas eu vou ter que pagar. Vou destinar uma parte do empréstimo bancário pra isso.

– Mas não vai prejudicar o projeto da engorda de bois?

– Vai, sim, mas não tem outro jeito. Vou investir menos do que pretendia e espero poder recuperar isso daqui a algum tempo.

Emília baixou a cabeça e ficou em silêncio. A situação estava exigindo atitudes enérgicas e ela não podia fazer nada naquele momento, a não ser resignar-se e esperar que as coisas se ajeitassem por si mesmas.

Quando foi internado no manicômio, Abel estava completamente alheio à realidade. É possível até que tenha se sentido mais confortável, afinal deixara de estar amarrado ao tronco de uma árvore, mas isso é só uma suposição, pois é difícil saber o que verdadeiramente se passava por sua cabeça naquele momento tão aziago.

De qualquer modo, com o passar do tempo, e à medida que foi tomando consciência de sua condição, tudo foi ficando mais complicado. Abel percebeu que estava vivendo em um verdadeiro inferno. O local era protegido por muros altos e ele estava cercado de pessoas doentes, fétidas e, na maioria das vezes, agressivas.

O número de internos era imensamente maior do que o manicômio comportava. Procedimentos de rotina como higiene pessoal, cuidados médicos e alimentação eram precários. Parecia haver ali um bando de bichos trancafiados em uma pocilga e não havia a quem reclamar. Qualquer atitude de revolta e até mesmo um simples comentário mais crítico eram encarados como surtos de loucura e punidos com severas retaliações.

Muitos funcionários daquele verdadeiro presídio nada tinham a ver com a área médica e deixavam bem claro que não gostavam dos internos. Na verdade, pareciam sentir prazer em desforrar sobre eles as suas frustrações e viviam criando motivos para espancá-los.

Era comum ouvi-los dizer, enquanto desciam a ripa em um desafortunado, que loucura era falta de vergonha na cara.

– Remédio pra maluco é paulada no lombo – diziam, sem a menor comiseração, enquanto colocavam em prática aquilo em que acreditavam.

CAPÍTULO 11

Hostilidades

Os maus Espíritos pululam ao redor da Terra, em consequência da inferioridade moral dos seus habitantes.
(O Evangelho segundo o Espiritismo – Capítulo 28 – Item 81
– Boa Nova Editora)

À medida que o tempo passava, uma espécie de lucidez foi tomando conta da mente de Abel. Ele não sabia se era pelo efeito sedativo dos medicamentos que lhe ministravam ou por outra razão qualquer que não tivera nenhum surto de violência, mas vivia jogado pelos cantos, sem disposição para nada, à semelhança de um zumbi. Ainda assim, o rapaz começou a perceber que estava em um lugar horrível e teve muita vontade de ir embora.

Entretanto, Abel sabia que era impossível retornar para casa. Cláudio jamais aceitaria dividir com ele o mesmo espaço depois daquela tentativa de matá-lo. Mas ele também já não pensava em vida familiar. O desejo de escapar daquele inferno era maior do que qualquer outra perspectiva. Além disso, caso conseguisse sair dali, novo contato com os familiares representaria a ameaça constante de voltar a ser internado à força.

Porém, a apatia provocada pelos medicamentos tornava impossível qualquer iniciativa. Daí surgiu a ideia de parar de ingeri-los. Abel percebeu que as pessoas encarregadas de monitorar os internos não se preocupavam tanto com eles. Não era difícil driblar suas frágeis vigilâncias e apenas fingir que engolia aquelas pílulas, escondê-las embaixo da língua e cuspi-las assim que os funcionários se afastassem.

Com essa prática, o filho de Emília voltou a ser dono de seus pensamentos e vontades, mas passou a enfrentar outro dilema: os pesadelos voltaram a incomodá-lo e nem era necessário que Abel estivesse dormindo para que ocorressem. Em plena luz do dia, bastava que ele tirasse um breve cochilo para que gargalhadas estrondosas, seguidas de um vozerio irritante, começassem a incomodá-lo.

Essas vozes lhe davam ordens severas, como um comandante ensandecido a guiar seus soldados em um campo de batalha:

– Ataque logo, seu palerma! Vai querer morrer aqui? Mande esses idiotas para o inferno! Mate todos! Mate todos!

Abel ficava confuso e irritado com tudo aquilo. A quem deveria matar? De onde surgiam as ameaças contra a sua vida? De quem seria a voz que não o deixava em paz? Então ele prendia a cabeça com as mãos e ficava apertando-a para aliviar a confusão mental e as dores que a acompanhavam.

Num dia em que ele estava no pátio e passava por um desses momentos de crise, foi interceptado por um dos funcionários que trabalhavam na segurança do manicômio. Era um brutamonte musculoso, de dois metros de altura, que se autointitulava Centurião e tinha por diversão espancar os pacientes em crise. Ele havia percebido o descontrole de Abel e achou que deveria levá-lo para uma das celas isoladas, onde os internos recebiam tratamentos brutais até se acalmarem.

No momento em que Centurião segurou fortemente o braço de Abel, o rapazinho foi tomado por uma raiva incontrolável e agiu de modo tão surpreendente, que o funcionário do manicômio não conseguiu reagir a tempo. Apesar de ser bem mais forte e fisicamente mais encorpado, ele foi vencido por uma força extraordinária que se apoderou de Abel, e este o atirou ao solo, após aplicar-lhe vários golpes com as mãos e os pés.

Enquanto os dois rolavam no chão, outros internos os cercaram e alguns aproveitaram a oportunidade para se vingarem das agressões sofridas pelo tal Centurião, agora subjugado por Abel, que lhe aplicava chutes por todo o corpo. Logo, alguns funcionários chegaram e interferiram, tentando separá-los. Quando finalmente o fizeram, o filho de Emília exibia um pedaço da orelha do funcionário agressivo, que trouxera preso entre os dentes.

Abel finalmente foi levado para uma cela onde sofreu horrores nas mãos do tal Centurião. Depois lhe aplicaram uns medicamentos e ele apagou por um longo tempo. Quando acordou, não se lembrava inteiramente dos fatos, mas havia granjeado um perigoso inimigo naquele ambiente que por si só já era tão hostil.

Quase dois anos depois de ter sido internado, algumas mudanças começaram a se operar em Abel. Ele não havia se livrado por completo das crises de violência, mas elas se espaçavam cada vez mais. Encontrava-se abatido e coberto de hematomas pelo corpo por causa das constantes surras que levava, principalmente de Centurião, que desenvolvera um ódio mortal por ele.

Com o espaçamento dos surtos, as agressões que sofria também começaram a se espaçar, o que provocou certa irritação em seu algoz, que continuava inconformado de haver tido parte da orelha arrancada por Abel. Assim, quando percebia que o rapaz estava demorando muito a aprontar, ele próprio se encarregava de provocá-lo, tirando-o do sério e fazendo-o criar motivo para ser surrado.

Um dia, depois de haver levado mais uma surra e estar jogado a um canto do pátio, Abel sentiu um líquido frio escorrer em seu rosto, aliviando o ardor de uma ferida que havia sido aberta em seu supercílio.

Assustou-se, pois gestos de solidariedade naquele antro eram inusitados. Tentou se levantar, mas as pernas estavam fracas demais. Ele sempre tinha esses momentos de total inércia depois das crises.

Então apenas entreabriu os olhos e viu um homem de barbas brancas, salientes olheiras e profundas rugas em torno dos olhos quase sem brilho. Esse homem tinha nas mãos uma pequena vasilha com água limpa e um pedaço de tecido com que cuidadosamente lhe banhava o rosto.

Abel tentou se mover, em uma atitude involuntária de autoproteção, porém foi acalmado pelo companheiro.

– *Shiuuu...* – ele fez com o dedo indicador colado verticalmente aos lábios. – Deixe-me cuidar de você. Não tenha medo.

Mas a reação de Abel não passara mesmo de uma vã tentativa, pois estava fragilizado demais para se mover. Então o rapaz fechou os olhos e se deixou cuidar. Enquanto o tratava, o homem disse em um tom de voz bastante calmo:

— Pobre rapaz! Tenho acompanhado o seu sofrimento desde que você chegou aqui. Não sei como pode ainda estar vivo, enfrentando tanta crueldade.

Suas palavras deixaram Abel emocionado, mas o rapaz não se permitiu chorar. Estava vivendo em um mundo cruel demais para dar sinais de fraqueza.

— Quem é o senhor? – perguntou fazendo grande esforço para manter a voz firme.

O outro fez um gesto de descaso com as mãos e disse:

— O povo daqui me chama de Zé Tristeza. Achei que é um bom nome e o adotei.

— Obrigado, seu José...

— Opa! – o homem exclamou, interrompendo-o. – Você não precisa me agradecer pelo que estou fazendo. E meu nome é "Zé Tristeza", e não "seu José".

Ele disse isso sem irritação, mas com tanta firmeza que não deixou a menor dúvida de que fazia questão de ser obedecido.

— Está bem, Zé Tristeza – Abel sussurrou. – De qualquer modo, estou feliz por tê-lo conhecido.

O velho de longas barbas brancas o encarou com seus olhos turvos, e o rapaz entendeu a razão daquele apelido. A única expressão perceptível naquele olhar era mesmo de profunda tristeza.

CAPÍTULO 12

Fuga

> *Que se figure a Terra como sendo um subúrbio, um hospital, uma penitenciária, uma região malsã [...] e se compreenderá por que as aflições dominam sobre as alegrias.*
> (O Evangelho segundo o Espiritismo – Capítulo 3 – Item 7
> – Boa Nova Editora)

Abel levou uma semana para se recuperar daquela última surra. A situação teria sido pior, se não fosse pela ajuda do amigo Zé Tristeza, que um dia o procurou e disse reservadamente:

– Precisamos fugir desse pardieiro, meu camarada. Isto aqui é um verdadeiro inferno.

– Como assim, fugir? Isso é impossível – Abel reagiu espantado.

– Não é, não – o outro afirmou. – A vigilância aqui não é tão severa quanto parece. Eles sabem que poucos internos têm lucidez suficiente pra empreender uma fuga e, além disso, os que se atrevem a fazê-lo acabam sendo trazidos de volta pelos próprios familiares.

Abel ficou pensando sobre aquilo e achou que o amigo tinha razão.

– Mas eu não tenho pra onde ir.

– Isso não é privilégio seu. Na verdade, a imensa maioria dos que estão aqui não tem pra onde ir. Olha, meu rapaz, ninguém pede pra vir a este lugar. Todos vieram contra a vontade. Muitos estão aqui porque representam um fardo muito pesado para os familiares. Este lugar é uma espécie de descarte de lixo humano.

– Mas, se não têm pra onde ir, por que as pessoas fogem daqui?

– Por revolta. Pra não ficarem apanhando e pra não apodrecerem trancafiadas entre estes muros.

Abel olhou bem para aquele homem, franziu o cenho e disse:

– Falando desse jeito, o senhor não me parece um louco...

– Nem todos os que estão internados neste manicômio são loucos – afirmou o outro. – É como eu lhe disse: muitos estão aqui por contrariar os interesses de seus familiares.

— Foi o que lhe aconteceu? Quer dizer, os seus parentes o colocaram aqui contra a sua vontade?

Zé Tristeza abanou a cabeça com força e respondeu:

— Não me lembro de nada sobre o meu passado e não faço a menor questão de lembrar. Se tenho parentes, com certeza não são boas pessoas e não me amam. Do contrário, eu ao menos receberia visitas, você concorda?

Abel foi obrigado a concordar que ele estava certo e sentiu o peito oprimido, lembrando-se de que estava internado há quase dois anos e também não recebera a visita da mãe ou do irmão.

— Se não tem ninguém esperando por você lá fora, por que quer fugir? — perguntou ainda cheio de dúvidas a respeito da inopinada proposta.

— Quero fugir pra não ser morto — disse Zé Tristeza, revelando que havia ali um esquema de tráfico de corpos. Quando morria um interno, seu corpo era vendido como mercadoria para laboratórios de pesquisa.

— Quando ocorrem mortes de modo natural, não há razão para preocupações — ele explicou —, mas, quando há escassez de cadáveres, estes bandidos que se passam por funcionários do manicômio providenciam as "mercadorias" a serem vendidas.

Abel o encarou com os olhos estatelados de horror.

— Providenciam? Como assim?

— Eles matam alguns internos — Zé Tristeza respondeu de pronto e completou: — Ah, e o tal Centurião, que tanto o odeia, é um dos organizadores desse comércio macabro, sabia?

Abel sentiu um arrepio e deduziu com um fio de voz:

— Então eu estou perdido...

— Na verdade, nenhum de nós está livre de se tornar produto desse negócio — Zé Tristeza elucidou. — Por isso, estou pensando em fugir daqui enquanto é tempo.

Seguiu-se um pesado silêncio entre os dois. Abel refletia sobre o que acabara de ouvir, relutando em acreditar que fosse verdade. Por fim, ele falou:

— Não estou muito certo sobre o que fazer. Odeio ficar aqui, mas não tenho nada nem ninguém lá fora me esperando...

– E a sua família? – perguntou Zé Tristeza. – Você também foi colocado aqui contra a vontade?

– Sim, mas não posso culpar minha mãe e meu irmão por isso. Se estou aqui foi porque dei motivos.

E, em poucas palavras, Abel falou sobre as razões de ter sido internado naquele manicômio mesmo sob os protestos de Emília.

– Pela vontade de minha mãe, eu não teria vindo, mas é o meu irmão quem decide tudo. Então, como você pode ver, eu não tenho pra onde ir. Aliás, mesmo que conseguisse chegar em casa, com certeza seria trazido de volta na primeira crise que sofrer ou talvez até antes disso.

– Então vamos fugir, mas não vamos pra lugar nenhum – propôs o companheiro. – Ou melhor, pra nenhum lugar conhecido. Aliás, isso pra mim vai ser fácil. Estou vivendo há tanto tempo aqui dentro que não conheço mais ninguém lá fora.

Alguns dias depois daquela conversa, aproveitando-se da vigilância precária de uma fria noite de domingo, Abel e Zé Tristeza se aproximaram sorrateiramente de um canto mais escuro do pátio, pularam o muro e desapareceram nas sombras.

Quando o dia amanheceu, já estavam bem distante do manicômio. Haviam se infiltrado nas matas e seguiram adiante, guiados pela direção do sol nascente, evitando a exposição das estradas.

Quando encontraram um lugar seguro no meio do mato, deitaram-se e dormiram, retomando a caminhada à noite. Para matar a fome, qualquer coisa comestível servia, inclusive ervas que sabiam não serem venenosas.

Muitos dias depois, bastante esfarrapados, famintos e cansados, chegaram às imediações de um casebre à margem de um ribeiro. Era madrugada, e a claridade no céu ficava ainda por conta das estrelas. Três cães vira-latas correram ao encontro deles, latindo ameaçadoramente.

Abel quis correr, mas Zé Tristeza não se intimidou. Começou a estalar os dedos e a falar amistosamente com os cães, que logo passaram a fazer festas para ele, abanando as caudas e lambendo-lhe as mãos.

No quintal havia algumas goiabeiras que estavam bem carregadas. Agindo em silêncio, os dois começaram a catar as goiabas que estavam caídas e foram comendo avidamente. Enquanto comiam olhavam ao redor, temerosos de serem descobertos ali.

De repente, para espanto deles, ouviram uma voz feminina perguntar:

— Por que não colhem as frutas que estão no pé, em vez de comerem essas podres do chão?

Eles levaram um susto e já iam sair correndo, quando a senhora que os observava da janela falou:

— Não precisam ir embora por minha causa. As goiabas são minhas e é de coração que as ofereço a vocês.

Mesmo sem conseguir ver direito de quem era aquela voz que surgia de um canto penumbroso do casebre, Abel olhou para ela e disse:

— Perdoe, senhora! É que estamos com muita fome...

— Então talvez vocês prefiram tomar um café com broa de milho.

Só de ouvir essas palavras, Abel ficou com água na boca. Há muito tempo não colocava um alimento decente no estômago.

— Esperem aí, que eu vou preparar o desjejum – disse a mulher, abandonando a janela e infiltrando-se no interior da casinha.

Meia hora depois, quando os primeiros clarões do sol começavam a envolver a paisagem, uma negra idosa, de cabelos branquinhos e olhos baços pelo muito viver, abriu a porta do casebre. Trazia nas mãos dois canecos de café e uma cumbuca cheia de broa de milho-verde.

Sentados em um tronco de árvore tombado que havia no quintal, Abel e Zé Tristeza devoraram tudo em poucos minutos, sob o olhar compadecido da senhorinha que os observava em silêncio.

— A senhora não está com medo de nós? – perguntou Abel, limpando o farelo que lhe sujara os cantos da boca. – Dois sujeitos estranhos...

A mulher abriu um sorriso e disse:

– Estranhos, mas não mal-intencionados.

Zé Tristeza olhou-a com admiração.

– Como é que a senhora pode ter certeza disso, se nem nos conhece?

– Estou neste mundo há muito tempo, meus filhos – ela respondeu sorrindo ainda mais. – Chega uma hora em que a intuição se torna uma companheira inseparável da gente e não falha mais. Pelo aspecto de vocês, vejo que estão viajando há muito tempo, dormindo ao relento, alimentando-se mal, sem tomar banho e mudar de roupa.

– Acontece que nós estamos...

– Não precisa dizer nada – a mulher interrompeu a fala de Abel. – Outra coisa que adquirimos na velhice é o senso de discrição. Não estou nem um pouco curiosa em saber de suas vidas. Tudo o que quero é ajudá-los no que for possível, já que, como falei antes, o meu infalível instinto me diz que são boas pessoas passando por um mau momento.

A senhorinha disse isso com tanta sinceridade e candura, que os dois amigos se emocionaram. Zé Tristeza baixou a cabeça para esconder os olhos úmidos, mas Abel não se constrangeu. Encarou a mulher, deixando as lágrimas escorrerem livremente pela face; levantou-se, abriu os braços e falou com a voz embargada:

– Senhora, eu sei que estou um trapo, mas seria possível que me desse um abraço?

Ela também se emocionou. Acolheu o rapazinho em seus braços e o confortou, enquanto acariciava-lhe a cabeleira desgrenhada:

– Deus o abençoe, meu jovem! Não tenho muito a oferecer, mas, no que puder ser útil, serei com muita alegria.

– Como é o seu nome, minha senhora? – perguntou Zé Tristeza, que, emocionado, acompanhava a cena comovente.

Ela abriu ainda mais o sorriso e respondeu:

– Meu nome é Januária, uma servidora em nome de Jesus, meus filhos!

CAPÍTULO 13

Aprendizado

*Feliz aquele que, ultrapassando a sua humanidade,
ama com amplo amor seus irmãos em dores!*
(O Evangelho segundo o Espiritismo – Capítulo 11 – Item 8
– Boa Nova Editora)

Nasceu uma grande simpatia entre aquele trio. Januária acolheu os dois fugitivos, que, em conversa franca, contaram a ela tudo sobre suas vidas. A anciã ouviu a história deles com atenção. De vez em quando fechava os olhos e movimentava a cabeça positivamente, como se estivesse confirmando algumas informações.

Zé Tristeza falou que não se lembrava de nada a respeito de seu passado. Acostumara-se tanto a se virar sozinho, que não conseguia imaginar como seria a vida se tivesse que dividir espaço com outras pessoas.

– Pretendo seguir adiante – disse ele. – Estou gostando dessa vida de andarilho e quero continuar assim, livre, zanzando por aí sem paradeiro certo, sem compromissos, pra compensar o tempo que fiquei trancafiado naquele inferno.

Ouvindo suas palavras, Abel lançou para ele um olhar desconsolado, dando a entender que estava cansado daquela vida nômade. Porém, antes que dissesse qualquer coisa, Zé Tristeza se antecipou:

– Quanto a você, meu rapaz, eu acho que deveria ficar por aqui. Já que dona Januária está sendo tão acolhedora, quem sabe não o ajuda a arranjar trabalho e reiniciar sua vida? Você é ainda muito jovem, pode começar do zero.

A anciã meneou a cabeça, concordando com ele. Porém Abel, com uma expressão de angústia na face, comentou:

– Mas eu tenho problemas mentais, conforme acabei de contar. Foi por causa de um surto psicótico que quase matei meu irmão e fui parar no sanatório...

Januária aproximou-se, apoiou as duas mãos nos ombros do rapaz e, olhando-o nos olhos, disse:

– Calma, meu filho! Eu tenho pra mim que o seu problema é muito mais espiritual do que mental.

Embora dando a entender que apenas desconfiava de que a causa da loucura de Abel fosse de cunho espiritual, Januária não tinha a menor dúvida sobre essa questão. Ocorre que, conforme já citamos, ela era detentora de ostensiva mediunidade. Desde a infância, tinha a faculdade de ver e conversar com os Espíritos e era comum que muitos deles, em situação difícil no plano espiritual, procurassem auxílio junto àquela caridosa mulher.

E foi justamente essa capacidade de se comunicar com os "mortos" que, tendo chegado aos ouvidos de pessoas ignorantes e preconceituosas, deu a ela a má fama de trabalhar em parceria com o demônio.

Obviamente as pessoas que ajudaram a propagar tal absurdo não conheciam a natureza pacífica e generosa de Januária, nem o nobre propósito daqueles estranhos diálogos com o além-túmulo, e o fizeram apenas pelo prazer de desmerecer suas ações por meio de fuxicos e bisbilhotices.

No caso de Abel, a médium percebera desde o primeiro momento a presença de uma entidade raivosa em sintonia psíquica com o rapaz. Tratava-se de um homem carrancudo, cujo ódio parecia aflorar de suas retinas em projeções que se assemelhavam a flamejantes labaredas.

Januária fingiu não tê-lo visto, mas sabia que em algum momento teria de conversar com aquele Espírito claramente desequilibrado. Por isso, mantendo ainda o olhar fixo aos olhos do rapaz, perguntou:

– Você aceita uma ajudazinha pra tentar se livrar desse pesadelo?

– Aceito, sim senhora! – ele exclamou animado. – Mas que tipo de ajuda eu poderia receber?

Januária sorriu, acariciou-lhe o rosto com o dorso da mão e respondeu:

– Não se preocupe, meu filho! Isso é por minha conta, com a permissão de nosso Pai que está no céu. – Benzeu-se e acrescentou: – Apenas peço que confie em mim e que tenha muita fé em Deus.

Abel, embora sem compreender bem o que significava ter fé em Deus, sorriu e assentiu com a cabeça. Até aquela idade, não fora apresentado a nenhum segmento religioso e, embora acreditasse intuitivamente na existência de uma divindade superior, não tinha muita noção a respeito do que representava a fé que Januária o incentivava a ter.

Afastando-se um pouco, a mulher prosseguiu:

– Quanto a arranjar serviço, eu acho que não vai ser problema, pois há muito agricultor precisando de mão de obra por aqui. Mas até pra trabalhar na roça é preciso estar mais apresentável – disse com bom humor. – Vocês dois estão parecendo bichos do mato!

Então ela entrou em um quartinho e voltou minutos depois com umas roupas masculinas.

– Vejam se servem em vocês. Estas roupas eram do meu filho, mas ele não quis levá-las quando se casou. São velhas, mas estão bem limpinhas.

Abel e o companheiro mediram as roupas, encostando-as em seus corpos, e acharam que ficariam boas. Na verdade, ficaram melhores no rapaz, que era mais encorpado, do que em Zé Tristeza, que estava bastante magro por conta dos muitos anos de maus-tratos no manicômio. De qualquer modo, vestindo-as, ambos ficariam bem mais apresentáveis do que estavam.

Januária deu a eles um pedaço de sabão e os mandou ir tomar banho em um lajedo à margem do rio. Banharam-se, vestiram as roupas limpas e a aparência deles melhorou bastante, principalmente de Abel, que, apesar de tudo o que havia enfrentado, era um jovem de aparência agradável; tinha o rosto imberbe, de traços finos, e porte físico elegante.

No dia seguinte, logo pela manhã, Zé Tristeza foi se despedir dos amigos para retomar sua caminhada, e Januária disse assim:

– Venha aqui, meu irmão, pois eu preciso ter uma conversa reservada com você.

Os dois se afastaram, sentaram-se à sombra das goiabeiras e conversaram longamente. De longe, Abel percebeu que as palavras de Januária, embora não estivessem ao alcance de seus ouvidos, provocaram certa inquietação em Zé Tristeza. Inicialmente ele reagiu demonstrando surpresa, depois pareceu fazer várias perguntas e, finalmente, baixou a cabeça e apenas ouviu o que a mulher dizia.

Cerca de meia hora depois, os dois se levantaram e se abraçaram demoradamente. Quando o companheiro de Abel se aproximou para se despedir dele, o rapaz notou que ele estava com os olhos vermelhos. Com certeza havia chorado bastante.

Zé Tristeza foi embora, mas Abel permaneceu na casa de Januária. Apesar da apatia que o subjugava, ajudou-a em alguns afazeres, como preparar lenha para o fogão e capinar a pequena horta de verduras e ervas medicinais que ela cultivava no quintal.

No início da noite, ouviu-se um tropel, e os cães correram latindo para recepcionarem o cavaleiro que chegava ao quintal da residência de Januária. Assim que ele apeou do cavalo, a anciã, que o esperava no umbral da porta, saudou-o com alegria:

– Boa noite, seu Nestor! Que bom que o senhor veio. Chegou em boa hora...

– Pressenti que a senhora estava precisando de mim – respondeu o homenzinho franzino, que deveria ter uns sessenta anos de idade.

Assim que entrou na casa, Januária o apresentou a Abel, dizendo que Nestor morava nas cercanias e era um amigo de longa data. Os dois se cumprimentaram trocando palavras de gentileza. Nestor, acostumado a ver muita gente sendo acolhida pela benfeitora, não se surpreendeu com a presença do rapaz ali e logo deduziu que o pressentimento que tivera estava ligado a ele.

CAPÍTULO 14

Obsessão

Os inimigos do mundo invisível manifestam sua malevolência pelas obsessões e pelas subjugações.
(O Evangelho segundo o Espiritismo – Capítulo 12 – Item 6
– Boa Nova Editora)

Mais tarde, em animado diálogo que os três travaram durante o jantar, Nestor contou a Abel que tinha uma enorme dívida de gratidão para com Januária.

– Abaixo de Deus, foi esta generosa mulher que salvou a minha vida – disse ele com boa dose de emoção na voz.

– Não fiz nada de mais – retrucou Januária sem falsa modéstia. – Se não fosse pela clemência de Deus, dos bons Espíritos e pelo seu merecimento, nada teria sido feito.

Então o homem contou que, vinte anos atrás, estivera entre a vida e a morte por causa de uma doença grave que andava lhe corroendo o fígado.

– Estive na capital, fiz uma verdadeira via-sacra por hospitais e clínicas, gastei o que tinha e o que não tinha, fui examinado da cabeça aos pés, me viraram pelo avesso e chegaram à conclusão de que eu era um caso perdido. No fim das contas, os médicos me mandaram esperar a morte em casa e aproveitar os dias que me restavam pra aproveitar a vida.

Nestor olhou para o rapaz que o ouvia atentamente e perguntou:

– Agora me diz o que um sujeito moribundo, sabendo que está com os dias contados, vai querer fazer da vida? Tudo o que eu fazia era sofrer e esperar a hora de ser colocado num caixão. Um dia, alguém me falou que conhecia uma benzedeira que poderia me ajudar. Eu já não acreditava em mais nada, mas achei que não custava fazer uma tentativa. E foi assim que cheguei até esta verdadeira santa, que cuidou de mim como se cuida de um filho, e o resultado é este: nunca mais voltei a ficar doente.

– Mas como a senhora conseguiu curá-lo? – perguntou Abel, voltando-se para Januária. – Como soube o que fazer pra cuidar do seu Nestor?

A mulher explicou calmamente:

– Meu filho, existem coisas no mundo que os nossos olhos de carne não conseguem detectar, mas que nem por isso deixam de existir. Na verdade, eu não faço nada sozinha, porém com a ajuda de amigos espirituais que por algum motivo vocês não conseguem ver, mas eu consigo. São eles que me dizem como cuidar das pessoas que me pedem ajuda. As infusões que preparo pra cuidar dos corpos físicos, utilizando recursos da natureza e da alma, utilizando recursos espirituais, são sempre feitas sob a orientação desses abnegados irmãos, sem os quais nada disso seria possível.

– Mas, afinal, a doença do seu Nestor era espiritual ou física? – perguntou Abel, cada vez mais curioso com aquela conversa.

– Um pouco de cada coisa, meu rapaz – o próprio Nestor respondeu. – À época, dona Januária me disse que a origem do problema era espiritual, ou seja, tratava-se de uma dívida moral contraída na encarnação passada e que ainda não tinha sido quitada. Mas a situação era tão grave, que já estava repercutindo no meu corpo físico.

Abel olhou para Januária com estranheza.

– Encarnação passada? O que isso quer dizer?

– Quer dizer que todos nós já vivemos aqui em outras épocas, utilizando outros corpos, convivendo com pessoas que podem neste momento estar no plano espiritual. Foi isso que aconteceu ao Nestor. Fui informada de que ele havia conquistado um poderoso inimigo na vida passada e essa pessoa queria se vingar dele, projetando energias ruins em seu campo mental, num processo parecido com a hipnose. Com o passar dos anos, seu Nestor começou a desenvolver a doença no corpo físico, mas ela estava enraizada mesmo era no campo espiritual, por isso os médicos não conseguiram curá-lo apenas com o remédio da farmácia.

– Os medicamentos tratavam do meu corpo, mas o inimigo invisível continuava a me bombardear com energias negativas

– completou Nestor. – Na encarnação anterior, eu fui responsável pela morte dele, ferindo-o com alguma coisa que provocou uma infecção letal em seus órgãos internos. Agora, em sua vingança, meu inimigo me fazia experimentar um sofrimento parecido com o que lhe causei. Por isso a cura não acontecia. Só fiquei curado quando dona Januária conseguiu conversar com aquele Espírito e o convenceu a me libertar de sua maldade. Na verdade, libertou a nós dois, pois ele também era prisioneiro daquele plano de vingança.

– Então ele o perdoou? – perguntou Abel.

Januária meneou a cabeça em negação.

– Na verdade, não perdoou totalmente, mas aceitou dar uma trégua pra ver como o Nestor iria se comportar. Como ele tem se comportado bem nesses vinte anos, o inimigo também tem cumprido o acordo e o deixa em paz.

– É verdade – completou o homem. – Eu garanti a ele que estou mudado, que não sou mais aquele sujeito desmiolado que o prejudicou e, graças à intervenção de Espíritos apaziguadores, me foi dada a oportunidade de provar que o que eu estava dizendo era verdade.

Após breve silêncio em que Abel buscava absorver todo aquele estranho aprendizado, Januária disse:

– Entende agora como acontecem esses processos a que chamamos de obsessão espiritual, meu filho? Muitas doenças físicas e mentais são frutos de perseguições e vinganças dos inimigos que os nossos olhos não veem, mas que vivem grudados em nós.

– E a senhora acha que é este o meu caso? – o rapaz perguntou apreensivo.

Januária o encarou seriamente e se deparou também com o olhar da entidade vingativa que vivia em sintonia com Abel. Satisfeita por ver que ele prestava atenção ao diálogo, respondeu:

– Eu tenho certeza de que se trata de um processo obsessivo, e, se você permitir, eu e o Nestor podemos tentar ajudá-los. Eu digo "ajudá-los", assim no plural, porque o Espírito vingativo é, antes de tudo, um irmão em sofrimento que ainda não compreendeu a necessidade de perdoar as fraquezas alheias. Ele também precisa de orientação e amparo.

A resposta de Abel foi imediata:
— Sim, eu quero muito e desde já agradeço por isso.

Uma hora mais tarde, durante o que Januária chamava de "orações especiais", depois de ter pedido o concurso dos amigos espirituais para orientá-la naquela tarefa, a entidade vingativa se manifestou por intermédio de Nestor, que era médium de incorporação, e disse:
— Odeio a família deste fedelho mimado e tentei dar fim à vida do irmão dele botando uma faca na mão deste frangote, que não teve competência pra fazer o serviço!
— Mas qual é a razão de tanto ódio, meu irmão? — perguntou Januária ao Espírito comunicante.
— Este sujeitinho, seu irmão e seu pai me fizeram muito mal. Tomaram à força a fazenda que eu possuía e me deixaram morrer à míngua, sem um centavo no bolso. Eu os odeio e vou me vingar desses malditos!
— Mas, meu irmão, isso foi em outra época...
— Não interessa! — rosnou o desencarnado. — O pai dele já está aqui, sob o meu cabresto. Fiz o maldito enlouquecer e tirar a própria vida, e agora ele é meu prisioneiro. Esse aí e o irmão estão me dando mais trabalho, mas tudo o que puder fazer pra me vingar, eu farei.
Para espanto de Abel, que nunca havia presenciado nada semelhante àquilo, o diálogo entre Januária e o Espírito vingativo se desenrolou por longos minutos — ele justificando a perseguição aos familiares de Abel e ela tentando apaziguá-lo.
O obsessor disse que fora um rico agricultor, mas que sofrera imenso prejuízo em uma época de grandes temporais. Ao buscar recursos financeiros para reerguer suas economias, acabou caindo nas mãos de aproveitadores desumanos que lhe tomaram a propriedade, já que ele não conseguiu honrar os compromissos assumidos nem quitar o empréstimo contraído no tempo determinado.
— Esses malditos viviam de golpes dessa natureza — vociferou o Espírito. — Emprestavam dinheiro a juros altíssimos e ficavam

em cima dos devedores como urubus sobre a carniça. O objetivo não era receber o empréstimo, porém tomar a propriedade dada como garantia, pois ela valia muito mais do que a quantia devida. Fui vítima dessa corja e não os perdoo de jeito nenhum!

Ao fim daquela estranha conversa, Nestor, que parecia um sonâmbulo, voltou à normalidade. Januária agradeceu a Deus pela oportunidade de esclarecer o processo obsessivo que havia levado o pai de Abel ao suicídio e que quase fizera o rapazinho assassinar o próprio irmão, mergulhando-o no abismo de sofrimentos representado pelo período que ficara internado no manicômio.

Depois fez uma longa explanação, alertando-o sobre as armadilhas invisíveis da obsessão espiritual.

– Vamos iniciar uma assistência pra você, meu filho, e incluiremos também os seus familiares; principalmente o seu pai, que se encontra prisioneiro desse irmão desequilibrado no plano espiritual. Pediremos também a Jesus que nos ajude a esclarecer o obsessor pra que ele se sensibilize e comece a admitir a possibilidade de perdoá-los pelos erros cometidos em outra existência.

Januária falou tudo isto de modo tão natural, que a Abel não restou a menor dúvida de que tudo aquilo era uma inquestionável realidade. Afinal, a entidade falara de situações que ele não havia contado a ela, nem a Nestor, como o processo de loucura e suicídio de seu pai.

Abel ficou mais de um mês com Januária, que, com a visita periódica de Nestor, deu sequência às comunicações com o Espírito obsessor e, por meio de preces, conseguiu livrar temporariamente o rapaz de suas nefastas influências.

Mais uma vez orientada pelos amigos espirituais, ela propôs uma trégua, pedindo ao obsessor que deixasse Abel provar que havia mudado e não possuía mais o instinto mercenário e desumano que o dominara na encarnação passada.

Persuadido por entidades espirituais encarregadas de apaziguar conflitos dessa natureza, o Espírito vingativo concedeu a trégua, mas alertou que ficaria atento e que, à menor invigilância de Abel, cairia sobre ele com a mesma fúria de um lobo faminto.

O jovem não conseguiu deixar de se sentir constrangido diante do que lhe fora exposto. Não havia como tudo aquilo ser fruto de embuste, devaneio ou algo assim. Afinal, o que Januária e Nestor ganhariam iludindo-o? Além disso, durante as sessões que presenciara, tivera o campo mental invadido por imagens bastante reais, retratando a antiga história narrada por seu inimigo invisível. Algumas dessas imagens eram projetadas antes da narrativa, de modo que, ao ouvir o relato do obsessor, Abel já sabia a que ele estava se referindo.

Desse modo, aflito e assustado, assumiu consigo mesmo o compromisso de levar a sério a promessa feita. Apesar de ter uma vida relativamente honesta e desprovida de ambições, a partir daquele dia passaria a ter ainda mais cuidado com seus sentimentos e atitudes.

Nos dias seguintes, Abel passou por uma gritante transformação. Tornou-se mais lúcido e disposto para as tarefas braçais. Seu semblante se tornou mais leve, readquirindo a beleza física com todo o vigor da juventude, e Januária, observando-o calada, agradecia a Deus por testemunhar mais aquele verdadeiro milagre ali, sob o seu humilde teto.

CAPÍTULO 15

Deslumbramento

Há entre os seres pensantes laços que não conheceis ainda. O magnetismo é o guia desta ciência.
(*O Livro dos Espíritos* – Questão 388 – Boa Nova Editora)

Quando deu por encerrada a assistência espiritual a que Abel fora submetido, Januária perguntou se ele ainda pensava em permanecer na região e se queria mesmo procurar trabalho para reiniciar a vida. O rapaz estava visivelmente recuperado, bem--disposto, alegre e com um aspecto muito mais positivo do que quando ali chegara.

O afastamento da entidade perturbadora representara um verdadeiro milagre, e agora seria praticamente impossível reconhecer em Abel o indivíduo mentalmente desequilibrado que passara pela trágica provação do tratamento manicomial.

– Eu gostaria muito de ficar – ele respondeu. – Preciso arranjar algum dinheiro e ainda não me sinto seguro o suficiente pra sair zanzando por aí nem pra tentar reencontrar meus familiares. Sinto saudade da minha mãe e me preocupo com ela, mas o risco de meu irmão me levar de volta ao hospício é muito grande, e eu morro de medo de que isso aconteça.

– Não se preocupe – respondeu Januária com sua costumeira serenidade. – Meu neto mora num sítio onde estão sempre precisando de bons trabalhadores, e você já deu provas de que tem disposição pra labuta, principalmente agora que está curado. Por esses dias, ele vem me ver e eu vou pedir que o ajude a conseguir trabalho.

Na verdade, Januária estava estranhando, pois João Lino nunca ficara tanto tempo sem visitá-la. Entretanto, no sábado daquela semana, quase à noitinha, ele apareceu dizendo que o sumiço ocorrera por conta de um acidente. João Lino havia cortado o pé com a própria enxada e o ferimento tinha infeccionado, provocando-lhe febre alta e muita dor de cabeça.

— Somente depois de ficar totalmente curado foi que tive disposição pra cavalgar — ele explicou, mostrando a feia cicatriz que se formara na parte inferior do dedão do pé direito.

Depois João Lino olhou com mais atenção para o rapaz que abrira a porteirinha de acesso ao quintal do casebre e que o observava em silêncio. Assim como Nestor, o neto de Januária achou normal a presença dele ali, pois, conforme já dissemos, a benzedeira era bastante hospitaleira. Porém ele ficou curioso.

— Quem é esse moço? — perguntou, fazendo-se ouvir pelos dois.

— Meu nome é Abel — o rapaz respondeu, estendendo a mão para cumprimentar João Lino, que correspondeu cordialmente.

— O Abel apareceu aqui em busca de trabalho — Januária explicou. — Mas depois falaremos sobre isso com mais calma. Trate de desencilhar o cavalo pra gente conversar lá dentro.

Minutos depois, reunidos em torno da mesa de refeição, Januária falou:

— O Abel está aqui comigo há muitos dias, meu filho. Disse que se desentendeu com o irmão mais velho, foi expulso de casa e saiu em busca de trabalho.

Ela achou desnecessário falar sobre a internação no manicômio e instruiu Abel a fazer o mesmo. Estava mais do que provado que o rapaz não era louco, e Januária tinha certeza de que, desde que cumprisse a promessa de se manter vigilante em suas atitudes, o inimigo invisível não voltaria a perturbá-lo e ele teria uma vida normal dali por diante.

João Lino o olhou demoradamente, achando que o rapaz possuía traços finos demais para um trabalhador braçal. Como se tivesse ouvido os seus pensamentos, Januária disse:

— Não se deixe enganar pelas aparências. Ele tem me ajudado em todas as tarefas, e eu posso lhe garantir que é um moço forte e possui bastante disposição pra trabalhar.

— Eu nasci e fui criado num sítio — Abel falou por fim. — Conheço bem os trabalhos da roça e posso lhe garantir que nenhum deles me assusta.

— Assim é que se fala, meu jovem! Gostei de ver — João Lino falou animado, dando tapas nas costas do rapaz e provocando risos. – Nesse caso, você apareceu em boa hora, pois estamos iniciando uma grande colheita de grãos nas terras do meu sogro. Se você for mesmo tudo isso que ela está dizendo, será muito bem aproveitado por lá.

Januária, sem deixar de sorrir, fingiu estar zangada com o neto:

– Que é isso, rapaz? Você está duvidando da minha palavra? Quando foi que lhe contei mentiras?

A reação dos três foi uma uníssona gargalhada, que descontraiu o clima. Nas horas que se seguiram, eles conversaram bastante, estreitando a prazerosa relação de simpatia.

No dia seguinte, depois de se despedir da avó, João Lino retornou ao sítio do sogro levando Abel à garupa da montaria.

Apesar das brincadeiras na noite anterior, quando fingira duvidar da avó, João Lino confiava cegamente nela e em nenhum momento duvidara dos elogios que Januária fizera ao rapaz. Assim, quando o apresentou para o sogro, repetiu as mesmas palavras que ela dissera:

– Trata-se de um sujeito saudável, educado e aparentemente trabalhador – disse ele. – Parece que se desentendeu com o irmão mais velho e foi expulso de casa. Passou por uns perrengues na vida e estava vivendo por aí, sem eira nem beira. Minha avó o acolheu e me pediu que o apresentasse ao senhor, garantindo que o moço é de confiança.

Após cumprimentar Abel e observar demoradamente o seu refinado porte físico, demonstrando a mesma desconfiança que João Lino tivera sobre sua disposição para o trabalho, o agricultor disse:

– Vamos precisar de muito braço forte para a colheita deste ano ser feita antes que deságue temporal. Se o moço for mesmo bom de serviço, a gente o acolhe; se não for, vai-se embora do mesmo modo que chegou. Está bom assim pra você?

– Pra mim está ótimo – Abel respondeu muito sério. – Fique tranquilo, senhor, eu não vou decepcioná-lo.

Logo depois, ao ser apresentado aos familiares do sitiante, Abel foi recebido com cordialidade. A apresentação ocorreu em um momento em que toda a família estava reunida para o almoço dominical, que quase sempre era feito coletivamente: Julia, seus pais, irmãos, cunhadas e sobrinhos formavam um animado grupo de quase vinte pessoas.

A chegada do rapaz provocou certo deslumbramento, pois sua bela aparência física destoava do perfil de todos os homens que ali estavam. Apesar da simplicidade da roupa que pegara emprestada de João Lino, os belos traços fisionômicos, a postura altiva e seu olhar cativante não tinham como passar despercebidos.

Educado, ele fez questão de cumprimentar a todos apertando-lhes a mão e foi acolhido com simpatia por aquela gente. Em nenhum daqueles rostos Abel fixou o olhar mais que o tempo necessário para dar um sorriso amistoso e apresentar-se.

Porém, quando seus olhos se encontraram com os de Julia, a moça foi envolvida por uma estranha sensação e notou que uma inquietude, semelhante à súbita explosão de uma bomba, havia lhe invadido a alma, deixando ali registrada a repercussão do estrondo como um eco absurdo e interminável.

Aquilo, porém, ocorreu de modo tão natural e inesperado, que aparentemente ninguém percebeu, mas a verdade é que depois daquele momento a vida da esposa de João Lino nunca mais seria a mesma. O deslumbramento que a envolveu trouxe-lhe um misto de doçura e amargor, frescor e quentura, entusiasmo e insegurança... e muitas outras sensações que ela jamais havia experimentado.

Durante o tempo em que esteve na presença de Abel, Julia teve que fazer um grande esforço para não deixar transparecer a agitação febril que ali, na intimidade de seu coração, passou a dominá-la inteiramente.

A beleza daquela jovem camponesa também chamou a atenção do rapaz e provocou certo desassossego em seu coração, mas ele foi discretíssimo. João Lino apresentara Julia como sua esposa, e, embora inconformado com a desigualdade do casal, Abel sabia bem o que representava a palavra "honra" naqueles confins de mundo.

CAPÍTULO 16

Eloquência

O livre-arbítrio existe na escolha da existência e das provas, e no estado corporal, na faculdade de ceder ou de resistir aos arrastamentos.
(O Livro dos Espíritos – Questão 872 – Boa Nova Editora)

Os dias que sequenciaram a chegada de Abel ao sítio da família de Julia foram de muito trabalho e poucas novidades. Para alegria do sitiante e assombro de seus familiares, que consideravam o rapaz fisicamente frágil para o serviço braçal, ele se revelou um trabalhador disposto e dedicado.

Satisfeito com o desempenho de Abel, o pai de Julia o acomodou em um quartinho precariamente mobiliado, contíguo a um grande celeiro onde era armazenada a maior parte de grãos cultivados na propriedade. O pequeno cômodo, cercado por espesso capinzal, situava-se a uns cem metros de distância da residência do chefe da família.

Quanto ao pagamento pelos serviços prestados, ficou acertado que este seria proporcional à produção, e Abel teria descontado em seu salário um pequeno valor relativo à hospedagem e alimentação.

Para ele, tudo estava maravilhoso. Depois de todo o sofrimento que havia enfrentado, inclusive a privação da liberdade e a constante ameaça de ser covardemente assassinado, o que encontrara naquela região podia ser comparado a um verdadeiro paraíso.

Por isso Abel andava tão feliz, e sua alegria era algo contagiante, que acabava envolvendo todos os que estavam à sua volta, principalmente a criançada, que em pouco tempo se apegou a ele e vivia intimando-o nos momentos de folga para participar de suas brincadeiras, como as partidas de futebol que eram realizadas em um campinho improvisado numa área mais ou menos plana do quintal.

Porém, se a presença de Abel naquele ambiente representava para ele sossego e alegria, para Julia as coisas eram muito diferentes. Desde que colocara os olhos sobre o rapaz, seu mundo virara de pernas para o ar. Ela vivia espreitando-o, inventando motivos para ir à frente de trabalho para vê-lo, nem que fosse por alguns minutos, e chegara até mesmo a sugerir ao marido que deveria ajudar na colheita daquele ano.

– Não acho justo todos se matarem de trabalhar enquanto eu fico à toa em casa – ela disse num dos dias em que fora visitar a lavoura.

A desculpa era a de que estava preocupada com o andamento da colheita, porém o que a afligia era o desejo de mais uma vez ver de perto o rapaz que lhe roubara o sossego do coração, inserindo nele a eloquência de um sentimento incontrolável.

– Mas, Julia, tem sido assim desde que nos casamos e você nunca se opôs – João Lino ponderou. – Aliás, nem o seu pai reclamou. Eu achei que ele jamais iria aceitar a proposta que fiz, de trabalhar por nós dois e poupá-la dessa vida sacrificante...

– Eu sei disso e agradeço a vocês, mas achei que poderia ser útil aqui, principalmente agora, com tanto trabalho pra ser feito – ela insistiu, quase implorando.

João Lino a olhou com impaciência. Naqueles cinco anos de casamento, ele era sempre o dono da última palavra a ser dada em qualquer discussão. E desta vez não foi diferente.

– Não vamos mais discutir este assunto – ele falou com voz alterada, deixando claro que não mudaria de ideia. – Vá cuidar da casa e do trabalho na fiandeira, que tem muito mais a ver com você.

Julia, apesar da grosseria do marido, sentiu-se mal, pois sabia o quanto havia de egoísmo também em sua proposta. Na verdade, detestava a ideia de se ver novamente exposta à intempérie e aos insetos, calejando as mãos, ressecando a pele sensível de seu rosto, extenuada pelo trabalho pesado. Porém animava-a o fato de saber que desse modo poderia passar várias horas do dia próxima de Abel, observando-o, admirando-lhe a beleza física, talvez até tendo a oportunidade de conversar com ele.

Quando era acometida de um impulso de lucidez, Julia se desesperava com os próprios pensamentos e perguntava para si mesma: "Meu Deus! Estarei ficando louca? Por que não consigo controlar as minhas emoções, os meus desejos?"

E com grande esforço conseguia se manter afastada do rapaz por algum tempo, mas à noite, durante o sono, não tinha como evitar que ele lhe invadisse os sonhos, e tudo aquilo que, à luz do dia, não passava de devaneios em sua mente tornava-se quase uma realidade no correr das horas noturnas.

Nesses sonhos, eles passeavam de mãos dadas por lugares paradisíacos. Corriam pelos campos, gargalhando e brincando como duas crianças. Depois, ele a tomava nos braços e a beijava com eloquência, sussurrando líricas palavras que Julia jamais imaginara ouvir.

Para ela, os dias e as noites se transformaram em uma eterna fantasia, um enredo interminável em que Abel desfilava soberanamente, convidando-a para penetrar um mundo fascinante de inenarráveis prazeres e emoções.

Na primeira noite em que João Lino pousou na companhia de Januária, depois que Abel passou a viver no sítio, deixando Julia sozinha em casa, ela praticamente não conseguiu pregar os olhos. O fato de saber que, naquele mesmo momento, o rapaz dormia solitariamente a pouca distância dali criou um turbilhão de fantasias sensuais em sua mente e quase a levou à loucura.

Foi um momento tão intenso em suas emoções que, quando o dia amanheceu, Julia teve a sensação de haver dormido ao lado de Abel, vivendo com ele uma inesquecível noite de núpcias. Suas emoções começavam a entrar em uma perigosa área de desequilíbrio, já que tudo aquilo ocorrera unicamente de forma platônica.

Já passava de um mês que Abel havia chegado ao sítio e em nenhum momento ocorrera qualquer situação mais comprometedora entre eles. Talvez por possuir uma intuição aguçada ou até mesmo por haver notado os olhares melífluos que a esposa de João Lino discretamente lançava em sua direção, o jovem, tímido e cheio de medo de se expor, mal se dirigia a ela e às outras mulheres que ali viviam, procurando manter uma relação mais estreita apenas com os homens e com as crianças, que a cada dia se identificavam mais com ele.

Naquele domingo, quando João Lino voltou da casa de Januária, ele disse a Julia que precisaria fazer uma viagem à cidade, onde deveria permanecer por alguns dias. O município mais próximo ao sítio ficava a pouco mais de duzentos quilômetros de distância. Uma vez por mês, um dos irmãos de Julia ia de caminhão, levando parte da colheita para a central de abastecimento de uma cooperativa formada pelos produtores rurais da região.

João Lino disse à esposa que iria pegar uma carona com o cunhado e que, depois que resolvesse os seus assuntos, voltaria de trem, pois havia uma pequena estação ferroviária no vilarejo, que ficava a uns vinte quilômetros do sítio.

– O que você vai fazer na cidade? – a mulher perguntou intrigada.

Era comum os irmãos de Julia irem de vez em quando à cidade a passeio ou para cuidar de negócios, mas naqueles cinco anos de casada com João Lino era a primeira vez que ele falava em viajar.

– Vou resolver algumas questões importantes – ele respondeu. – Mas depois que voltar eu lhe digo o que fui fazer.

– Ah, assim não é justo – ela disse. – Eu vou ficar curiosa e preocupada.

O marido a olhou muito sério e elucidou com voz enérgica:

– Não há razão pra curiosidade ou preocupação. Vou à cidade, resolvo o que tiver que resolver e volto em dois ou três dias. Então você vai saber o que eu fui fazer lá, está bem?

Ela respondeu com um meneio de cabeça. Conhecia o marido o suficiente para saber que quando ele dava um ultimato era impossível prosseguir com o diálogo.

De qualquer modo, aquela novidade acabou provocando uma grande expectativa em seu coração. Ficaria um tempo razoável sem a presença dele e, apesar da vigilância do pai e dos irmãos, via aí a possibilidade de se aproximar de Abel, de estreitar um pouco os laços de intimidade... Quem sabe?

Assim, um turbilhão de pensamentos inconfessáveis começou a lhe povoar a mente.

CAPÍTULO 17

Envolvimento

> *Quanto aos atos da vida moral, eles emanam sempre do próprio homem, que tem sempre, por conseguinte, a liberdade de escolha.*
> (O Livro dos Espíritos – Questão 861 – Boa Nova Editora)

No início da semana seguinte, João Lino partiu de madrugada com o cunhado, deixando Julia ainda na cama. Porém, assim que se viu só, ela se levantou e, sem saber exatamente por qual motivo, começou a se arrumar como se fosse a uma festa. Banhou-se, penteou com esmero os longos cabelos castanhos, colocou um vestido estampado e até se atreveu a maquiar o rosto, o que só era comum em ocasiões muito especiais.

Depois foi para frente do único espelho que tinha em casa e ficou se admirando. De repente, Julia percebeu que era uma mulher jovem e linda. Tinha apenas vinte anos, idade relativa à de Abel, e era tão bonita e atraente quanto ele. Comparando-se fisicamente à figura desengonçada do marido, sentiu grande revolta, lembrando-se de que poderia estar solteira e livre para viver um grande amor, se não fosse pela imposição de seu pai.

Naquele momento sentiu muita raiva dos "homens de sua vida", que lhe haviam imposto um casamento infeliz. Sentiu-se vítima do machismo que predominava naquele ambiente e que sempre colocava as mulheres em uma posição inferior. E, quando se deu conta, Julia estava chorando copiosamente, as lágrimas escorrendo pelo rosto, lambuzando-lhe a pele com a tintura da maquiagem.

Despiu-se e atirou longe o único vestido bonito que possuía. Depois jogou-se na cama e continuou chorando e praguejando mentalmente contra a vida que de repente se mostrara tão miserável.

Ali permaneceu por horas, mas, quando se reergueu, tendo a sensação de haver arrancado de sua alma o gérmen da prudência, trazia no rosto um sorriso malicioso e determinado.

O dia transcorreu lentamente. Julia tentou se distrair com as poucas tarefas domésticas e com a fiandeira, mas não conseguiu fazer nada direito. Seu coração parecia sobressaltado e os pensamentos não se fixavam em parte alguma.

Quando anoiteceu, sua expectativa foi se ampliando a ponto de se misturar a um temor quase insuportável. Mas, ao mesmo tempo em que sugeria cautela, esse temor funcionava também como um dispositivo a impulsioná-la para aquilo que se determinara a fazer.

Então, a certa hora, quando o silêncio da noite era quebrado apenas pelo trinar de grilos e coaxar de sapos, e a natureza estava toda envolta em trevas pela ausência da lua no céu, Julia esgueirou-se sorrateiramente por entre a vegetação mais alta e refez o caminho que ensaiara durante o dia, evitando qualquer possibilidade de ser vista, no caso de algum olhar curioso andar em vigília.

Com as mãos trêmulas e o coração a lhe saltar pela garganta, bateu levemente na porta do quartinho onde Abel dormia e colou o ouvido à madeira tentando perceber alguma reação do rapaz, mas ele continuava ressonando.

Então, armou-se de coragem e bateu um pouco mais forte. Desta vez, o ressono foi interrompido, e ela ouviu o barulho do colchão de palha se movendo, como se ele houvesse mudado de posição na cama.

Quando tudo voltou a silenciar, Julia bateu pela terceira vez, e agora, já quase em desespero, cochichou, colando os lábios a uma pequena rachadura que havia na porta.

– Abel! Abel!

O rapaz finalmente se levantou, aproximou-se e perguntou com um tom de voz inseguro e assustado:

– Tem alguém aí?

– Sim. Abra, por favor!

A tramela girou, a porta se abriu e, assim que se viu de frente para o rapaz que havia enlouquecido as suas emoções, Julia não se conteve. Atirou-se em seus braços e, aproveitando-se do elemento surpresa, uniu os lábios aos dele e o beijou quase em desespero.

Assim que se recompôs daquele susto, Abel recuou e se desvencilhou dos braços de Julia, pedindo a ela que não fizesse aquilo.

– Pelo amor de Deus, vá embora! Isso não está direito...

Julia não se deixou abalar. Tinha ido longe demais para desistir.

– Por quê? Por que não me quer? Me acha feia?

– Não é isso... Você é casada... Se nos pegam, estamos mortos...

Julia se reaproximou, pegou as mãos de Abel e as envolveu em sua cintura.

– Ninguém vai nos pegar. Deixe de ser bobo. Só estamos nós dois aqui...

O rapaz recuou novamente, desvencilhou-se dela e caminhou em direção à porta.

– Se você não for embora, eu vou – ele disse determinado.

Naquele momento, Julia se sentiu a pior pessoa na face da Terra. Um sentimento de rejeição e baixa autoestima a dominou inteiramente, fazendo-a cair de joelhos e desabafar em meio a um pranto desconsolado:

– Meu Deus, que vida horrível eu tenho! Fui obrigada a me casar com um homem por quem sinto asco e, quando finalmente aparece em meu caminho alguém que me faz sentir gente, que traz amor de verdade ao meu coração, eu sou rejeitada feito um lixo...

Parado na entrada do quarto, sem saber exatamente que atitude tomar, Abel ficou olhando para ela e se sentiu muito mal. Um misto de piedade, admiração e desejo o induziu a se aproximar e acariciar levemente os cabelos de Julia.

– Perdoe-me – ele sussurrou. – Não é rejeição, é precaução... Medo...

Ela conteve o choro, afastou a mão dele com um movimento brusco e levantou-se em um salto.

– Deixe-me. Eu não preciso da sua compaixão – Julia disse enquanto atravessava o umbral da porta e desaparecia na escuridão da noite.

A insônia rondou as duas camas naquela madrugada. Julia ficou chorando, recriminando-se pela atitude tomada. Quando projetara a ousada ação, havia procurado se precaver de qualquer situação que pudesse atrapalhar seus planos, mas em nenhum momento considerara a possibilidade de ser rejeitada por Abel. Isso acabara provocando uma tremenda confusão em sua mente e uma tristeza imensa em seu coração.

Por outro lado, o rapaz ficara em uma agitação terrível. A cena ocorrida ali no diminuto ambiente daquele quartinho não lhe saía da cabeça. O cheiro delicado de Julia ficara impregnado em seu olfato e ele começava a se arrepender de não ter cedido ao desejo daquela mulher tão linda.

Lutava contra as fantasias que agora lhe vinham impetuosamente aos pensamentos, tentando convencer-se de que aquilo era uma grande loucura, que Julia era casada com o homem que o ajudara a conseguir trabalho. Pensava ainda no pai de Julia, que o empregara; em Januária, que o acolhera e o livrara dos acessos de loucura...

Mas ao fim de tudo isso prevalecia a imagem de Julia beijando-o apaixonadamente, implorando por amor, chorando por ter sido rejeitada. E todos esses pensamentos infestaram a mente de Abel e o acompanharam não somente pela madrugada, mas também durante todo o dia.

Quando a noite chegou, apesar do cansaço pelo puxado dia de trabalho, o sono foi substituído pelo desejo de ouvir as leves batidas na porta. E, como se tivessem marcado um encontro, foi exatamente o que aconteceu. Apesar da decepção da noite anterior, Julia não conseguiu conter o desejo de fazer nova tentativa ou de pelo menos esclarecer de uma vez por todas a razão de desejá-lo tanto e, quem sabe, colocar ponto-final àquela angústia.

Quando ela se aproximou do quartinho do rapaz, não precisou bater duas vezes à porta, pois Abel a esperava de braços abertos. Desta vez o beijo foi correspondido, o abraço os envolveu na mesma atmosfera de desejo e Julia chegou a sentir um arrepio vertiginoso quando ele confidenciou em seu ouvido, com voz trêmula e insegura:

– Tenha paciência comigo. Estou assustado porque nunca me deitei com uma mulher. Acho você linda demais...

Com um beijo ainda mais ardente, Julia fez com que ele se calasse e deixou que os arroubos pressurosos daquele sentimento a dominassem inteiramente. Para ela, agora não havia dúvida sobre a razão de ter sido repelida por Abel na noite anterior: fora por insegurança e timidez. E os momentos seguintes foram repletos de prazer e descobertas para os jovens amantes.

Dos quatro irmãos de Julia, os três mais velhos eram casados e moravam em residências construídas em localidades distintas do sítio, todas elas distantes da casa do chefe da família. Porém o mais novo deles era solteiro, morava com os pais e ocupava um quarto cuja janela ficava voltada para o celeiro.

Naquela madrugada, o rapaz acordou assustado, pois durante um estranho sonho pareceu ter ouvido uma voz gritar ao seu ouvido que o celeiro estava pegando fogo. Sonolento e muito cansado devido às pesadas tarefas da colheita, esfregou os olhos e teve a impressão de que a palavra "fogo" criara um eco interminável em sua mente.

A preocupação venceu o cansaço. Então ele foi até a janela, abriu-a e se deparou com a noite iluminada precariamente por um fiapo de lua e nenhuma estrela no céu, que estava forrado por nuvens escuras. Depois de se certificar de que não havia nada de errado com o celeiro, voltou para a cama e em pouquíssimo tempo estava ressonando.

Porém, quando acordou na manhã seguinte e se lembrou do episódio, recordou-se também de um fato que, devido ao sono, lhe passara despercebido, mas que agora lhe vinha à mente de forma clara e inequívoca. Ocorre que ele, preocupado apenas em ver se realmente havia algum incêndio no celeiro, não dera grande importância ao perceber um vulto que se movimentava em meio ao capinzal que cercava o quartinho de Abel.

O irmão de Julia não se prendera muito àquela imagem, pois pensara que poderia se tratar de algum animal que por ali andasse perdido e, zonzo de sono, não dera maior importância ao fato. Entretanto, agora, refletindo com mais clareza, era envolvido por uma grande desconfiança. O vulto tinha o formato esguio de um corpo humano e, além disso, o capinzal era protegido por uma cerca de arame farpado, que não permitia o acesso de animais de grande porte.

Havia ainda outro detalhe de que o rapaz se lembrou: o vulto se movia justamente na direção da residência de Julia. Sabendo que o cunhado estava viajando e que a irmã se encontrava sozinha em casa, a desconfiança de que algo muito grave poderia estar ocorrendo deixou-o enfurecido.

Considerou a boa aparência e a juventude de Abel, cuja idade era relativamente igual à de Julia. Considerou ainda o fato de a irmã ter se casado por imposição, ficando claro que não nutria nenhum sentimento de afeto pelo marido. E o rapaz, sem conseguir evitar que esses pensamentos suspeitos o deixassem em estado de alerta, disse para si mesmo: "Se for real o que está me passando pela cabeça, esses dois vão pagar muito caro por ousarem desonrar a nossa família".

Decidiu então ficar de tocaia na próxima noite para se certificar de se aquela infame história era verídica ou não.

CAPÍTULO 18

Consequências

O dever íntimo do homem está entregue ao seu livre-arbítrio; o aguilhão da consciência, esse guardião da probidade interior.
(O Evangelho segundo o Espiritismo – Capítulo 17 – Item 7
– Boa Nova Editora)

Julia acordou com os raios de sol que haviam se infiltrado pelas frestas da janela a aquecer os lençóis e sentiu um prazer indescritível. A lembrança das horas que passara nos braços de Abel continuava muito viva em sua mente e provocava uma ebulição incrível em seu coração.

Era como se aqueles momentos ainda estivessem acontecendo; como se as mãos do rapaz ainda passeassem em seu corpo e seus lábios estivessem unidos por um ardente e interminável beijo. Nunca a vida lhe pareceu tão prazerosa como naquela manhã ensolarada. Finalmente, percebia as cores à sua volta e a alegria festiva da natureza em seus mínimos detalhes.

A euforia era tamanha, que Julia não se permitia parar para pensar nos perigos que sua atitude poderia representar. Entristecia-se ao lembrar-se de que era uma mulher casada, que João Lino era praticamente o dono de sua vida, mas não se demorava nessas reflexões, pois não queria contaminar com pensamentos negativos aquele momento tão especial.

Abel, mesmo envolvido no duro trabalho da colheita, ficava ruminando o acontecimento da noite passada e se agitava interiormente. Estava bastante inquieto e assustado. A inquietude era devido às emoções que visitavam seu sensível e imaturo coração. Mas o prazer inédito e cativante que Julia lhe provocara misturava-se ao remorso de haver traído todas as pessoas que o tinham ajudado nos últimos tempos. Não lhe parecia correto o que estava fazendo.

Além disso, ele havia se assustado com um fato intrigante. Ocorre que, ao fim do encontro, que se dera até um pouco antes de a madrugada lançar os primeiros clarões sobre a paisagem, depois de trancar a porta e voltar a deitar-se, ele ouvira o barulho de uma janela sendo fechada. Imaginou que algum morador da casa do agricultor poderia ter visto Julia saindo do seu quarto e esse pensamento o deixou tenso.

E, naquela mesma madrugada, quando começava a pegar no sono, Abel teve o campo auditivo invadido por uma estrondosa gargalhada, surgida de algum lugar que ele não conseguia detectar, mas que parecia ter partido de dentro da própria mente.

Em um primeiro momento, achou que poderia ser de alguém que estivesse de tocaia e houvesse flagrado o ato de adultério. Depois reconsiderou o pensamento, certo de que, se fosse o caso, dificilmente essa pessoa iria gargalhar. Seria muito mais coerente que escorraçasse com ele e iniciasse uma série de punições que poderia terminar em morte. Afinal, ele não era tão ingênuo a ponto de não haver notado, pelo conteúdo das conversas que aqueles homens travavam entre si, o rígido sistema de vigilância e domínio imposto sobre as suas mulheres.

Aquela gargalhada ficou reverberando na mente de Abel até o momento em que ele identificou o som da voz. Ao fazer essa constatação, o rapaz sentiu um forte arrepio, pois era a mesma voz da entidade vingativa que, em diálogo com Januária, por intermédio de Nestor, havia prometido uma trégua, mas garantira que ficaria atenta às suas atitudes.

Lembrando-se agora de tudo o que se passara durante a noite, o rapaz ficava dividido entre o desejo de voltar a sentir o prazer angariado nos braços de Julia e o medo de que sua atitude inconsequente o colocasse de novo sob a influência perniciosa de seu inimigo espiritual, ou até mesmo que o transformasse em vítima da ira de seus empregadores. Apesar de hospitaleiros, todos demonstravam rudeza e impiedade quando se tratava de preservar seus inflexíveis costumes.

Naquela tarde, quando o sol iniciava seu lento declínio, lançando sobre a natureza uma luz dourada, e os trabalhadores começavam a abandonar a plantação, Julia sentiu o coração bater mais forte. Em breve estaria revivendo as emoções da noite anterior, entregando-se aos arroubos de seu desmedido amor. Com a desculpa de ir conversar com o pai no ambiente de trabalho, havia provocado um breve encontro com Abel naquele dia quando, por um átimo de tempo, os dois conseguiram ficar bem próximos e seus olhares se cruzaram, reforçando a cumplicidade que os dominava inteiramente.

Abel também se mantinha expectante, apesar de assustado e inseguro, perguntando-se se valeria a pena aventurar-se em uma experiência que tinha tudo para dar errado. No fundo, apesar do forte desejo que o dominava, algo lhe dizia que seria melhor que Julia não aparecesse naquela noite.

O filho mais novo do sitiante, já dando como certo o flagrante que a cada momento lhe parecia mais provável, municiou sua espingarda de caça e traçou os planos para a empreitada: ficaria escondido no celeiro, vigiando por uma fresta a portinha do quarto de Abel. Caso suas suspeitas se confirmassem, mataria friamente o rapaz em defesa da honra familiar e daria uma tremenda surra na irmã. Depois a entregaria ao marido traído, narrando o acontecido e deixando por conta dele fazer o que achasse mais correto.

Quando a noite caiu inteiramente, acobertando a paisagem com seu manto negro, provocando diferentes perspectivas e sentimentos no coração dos personagens envolvidos naquela trama, João Lino atravessou a porteirinha do quintal de sua casa, queixando-se de que precisara fazer a longuíssima caminhada entre a estação ferroviária e o sítio.

– Quase o dia todo andando a pé e não apareceu uma alma bondosa de carro ou charrete pra me dar uma carona – lamentou-se, enquanto arrancava as botinas e as atirava longe, empestando o ar com um cheiro azedo de pés suados.

Julia ficou tão decepcionada ao ver o marido de volta, que começou a chorar. Quando João Lino a viu lacrimejando, perguntou:
– O que aconteceu? Por que você está chorando?
Julia disfarçou dizendo que estivera cortando cebola.
– Por que diabos eu iria chorar? – disse com grosseria. – Você tem cada ideia...

O consolo que ela encontrou em seus pensamentos foi o de que dentro de alguns dias o marido iria visitar Januária e passaria a noite por lá. Agora que encontrara o caminho para a felicidade, ainda que momentânea e cheia de sobressaltos, de forma alguma pretendia abrir mão de desfrutá-la. Sempre que surgisse uma oportunidade, iria correndo encontrar-se com Abel e recarregar as baterias afetivas de seu sofrido coração nos braços ardentes do amante.

Julia ficou tão absorta nesses pensamentos que nem se lembrou de perguntar o que o marido fora fazer na cidade, pois estava preocupada apenas consigo mesma. E ele, sem ser questionado, também não tomou a iniciativa de contar nada. No fundo, preferia que fosse assim mesmo.

Mais tarde, quando João Lino a procurou, desejoso de intimidades, Julia disse que estava sentindo fortes dores no estômago e o manteve afastado.
– Devo ter comido alguma coisa estragada – justificou-se.

Mas a verdade é que, depois do que vivera com Abel, ela sentia repulsa só de pensar em se relacionar com o marido. Era como se, relacionando-se com ele, estivesse traindo o grande amor de sua vida; pior, traindo a si mesma e à única possibilidade de realização amorosa que a vida de repente passara a lhe oferecer.

Em seu pequeno quartinho, sem saber que João Lino havia retornado da viagem, Abel, que se dividia entre a expectativa de mais uma visita de Julia e o desejo de que ela não aparecesse, sentiu-se ao mesmo tempo triste e aliviado quando a noite avançou sem que nenhum ruído lhe perturbasse o sono.

Quando começava a ser dominado por uma leve modorra, antes de dormir profundamente, ele voltou a ouvir a voz que o assediara na madrugada anterior. Dessa vez, ela disse raivosamente:

– Você tem muita sorte, seu fedelho! Por muito pouco não consegui mandá-lo para o inferno.

E voltou a gargalhar, uma risada nervosa que demonstrava irritação e inconformismo.

Naquele mesmo momento, o filho do sitiante, também sem saber que o cunhado estava em casa, mantinha-se de tocaia no celeiro, onde passou a noite toda sem que nada de anormal ocorresse do lado de fora. A infrutífera vigília servira apenas para deixá-lo sonolento e irritadiço durante os trabalhos do dia seguinte.

CAPÍTULO 19

Ameaças

A Terra pertence à categoria dos mundos de expiação e de provas, e é por isso que o homem nela é alvo de tantas misérias.
(O Evangelho segundo o Espiritismo – Capítulo 3 – Item 4
– Boa Nova Editora)

Os dias seguiram sem grandes novidades naquele rincão. Julia continuava visitando a frente de trabalho, inventando motivos para se aproximar de Abel, mas o rapaz se mantinha arredio, e os dois não tinham trocado nenhuma palavra desde a noite em que estiveram juntos.

A esperança da esposa de João Lino era de que chegasse logo o dia em que o marido fosse visitar Januária. Ela vivia com a cabeça cheia de planos inconfessáveis para quando esse dia, ou melhor, essa noite chegasse.

Por outro lado, o irmão, que estava a cada dia mais desconfiado da traição que deveria estar ocorrendo sob as suas barbas, não havia desistido de tirar aquela história a limpo.

No entanto, com o passar do tempo, Abel ia se dando conta da grande enrascada em que havia se metido, principalmente ao notar que, por força do sentimento que se desenvolvera no coração de Julia, ela estava ficando um pouco indiscreta, lançando-lhe olhares comprometedores na frente das pessoas.

O coração dele também estava em chamas. Era quase incontrolável o desejo de se atirar nos braços de Julia e dar vazão àquele sentimento que só fazia aumentar, mas ele tinha boa noção do risco que corria. Por isso se mantinha discreto e vigilante.

Um dia, sem que Abel soubesse se foi por acaso ou por ter percebido algo suspeito, o irmão mais novo de Julia aproximou-se e perguntou-lhe:

– Ó rapazinho, você já viu como se castra um bezerro?

Abel respondeu que não.

– E você sabe por que é preciso castrá-lo?

– Acho que é pra engordar mais depressa, não é?

O sujeito lançou para ele um olhar ameaçador e respondeu:

– Depende. Às vezes é preciso castrar porque o bezerro, já quase virando um boizinho, fica abusado e começa a pular a cerca da propriedade vizinha pra pastar do outro lado.

Então ele percebeu o despeito contido naquele comentário e calou-se, fingindo não ter captado a malícia de seu interlocutor. Mas o homem foi ainda mais contundente antes de encerrar o assunto:

– O problema é que, às vezes, o bezerro é abusado demais e só a castração não resolve. Então, em vez de cortar os testículos, nós metemos uma bala na testa dele e fazemos um churrasco pra comemorar.

Abel se lembrou daquela madrugada em que o Espírito vingativo, demonstrando irritação, disse que ele tivera muita sorte por não ter sido mandado para o inferno. Recordou-se ainda do ruído da janela se fechando no momento em que, na noite anterior, Julia deixava o seu quarto. Ele sabia que o sujeito que o ameaçara com aquelas conversas atravessadas morava com os pais, a pouca distância do celeiro.

Assim, juntando todos esses pormenores, perguntou para si mesmo enquanto o irmão de Julia se afastava irritado: "Será que ia acontecer alguma coisa de ruim comigo naquela noite? Eu e Julia seríamos flagrados em adultério e eu seria morto?"

De repente, a resposta a esse questionamento lhe pareceu óbvia demais.

Entretanto, mesmo sendo bombardeado por tanta negatividade, Abel não conseguia se livrar da lembrança dos momentos aprazíveis que vivera com Julia. Não havia dúvida de que seu coração estava irremediavelmente marcado por aquele acontecimento, que, ao que tudo indicava, deveria acompanhá-lo pelo resto da vida.

Alguns dias depois das indiscretas ameaças recebidas e que o deixaram extremamente desconfortável, Abel voltou para o seu quartinho, após mais um dia de trabalho, considerando a possibilidade de retomar a vida de andarilho, quando teve uma agradável surpresa. Alguém o esperava, sentado em um caixote que ficava ao lado da cama e que o rapaz usava para guardar seus poucos pertences.

– Zé Tristeza?! – perguntou e exclamou ao mesmo tempo, abrindo os braços para acolher o amigo em um abraço. – Que surpresa boa! O que está fazendo por essas bandas?

– Vim para ver você – o outro respondeu, erguendo-se e retribuindo à calorosa recepção. – Estive na casa de dona Januária e ela me contou que você estava aqui. Andei rápido feito uma seriema e praticamente acabei de chegar.

– Mas como entrou aqui? Você conversou com a esposa do meu contratante? – Abel perguntou.

O amigo o olhou meio sem graça e respondeu:

– Na verdade, entrei escondido... Sabe como é. Com essa aparência de andarilho, as pessoas não confiam muito na gente. Acho que, se eu me apresentasse, eles não me deixariam ficar aqui.

O rapaz achou aquilo incrível, mas, apesar de intrigado, estava feliz demais para perder tempo com tantos questionamentos.

– Se não for incomodá-lo, gostaria de passar a noite aqui com você – Zé Tristeza disse. – Amanhã cedinho eu vou embora e ninguém precisa saber de nada.

– É claro – o rapaz concordou com um largo sorriso. – Daqui a pouco eu vou tomar banho e jantar. Então eu trago alguma coisa pra você comer.

– Não precisa trazer comida – o amigo respondeu. – Comi bastante na casa de dona Januária e ainda trouxe matulas pra comer no caminho.

Mais tarde, Zé Tristeza acomodou-se sobre uns panos que Abel usou para forrar o piso de tábua, ao lado de sua cama, e os dois só pegaram no sono muitas horas depois, pois o homem tinha muita novidade para ser contada.

– Naquele dia, na casa de dona Januária, depois da longa conversa que nós tivemos, ela me perguntou assim: "Zé Tristeza, já que você gosta tanto desse rapazinho e não tem um rumo certo pra seguir, por que não vai atrás da família dele e procura saber o que está acontecendo por lá?" Primeiro eu achei a ideia meio descabida, mas depois, pensando melhor, concluí que não custava nada tentar.

Abel arregalou os olhos e encarou o amigo.

– Ah, meu Deus! O que você fez?

– Fui atrás do seu povo, ué!

O rapaz coçou a cabeça, demonstrando preocupação.

– E os encontrou?

Zé Tristeza balançou a cabeça confirmando, o que só fez aumentar a aflição de Abel, que perguntou:

– Você falou sobre mim? Disse que me conhece? Onde eu estou?

– De jeito nenhum! – respondeu Zé Tristeza, e completou com um leve ar de ironia: – Apesar de ter ficado tanto tempo naquele hospício, eu não sou doido, não.

Percebendo que Abel havia se acalmado, ele prosseguiu:

– Na verdade, eu nem cheguei a conversar com os seus parentes, nem os conheci, mas andei investigando num armazém que toda a gente daquela região frequenta.

– O armazém do Anacleto?

– Isso. Esse mesmo. Fiquei zanzando por ali, como quem não queria nada, e ouvi muitas conversas sobre os moradores do lugar. No meio dessas conversas, alguém perguntou ao Anacleto por um tal Cláudio, filho de uma dona chamada Emília e que era criador de gado pra abate. Logo deduzi que estavam falando do seu irmão.

– Poxa, pra alguém que disse ter se esquecido do passado, você está com uma memória muito boa, hein? Não se esqueceu de nenhum detalhe do que eu lhe contei durante a nossa fuga – Abel observou.

– Essa é uma história que vou lhe contar noutra hora – Zé Tristeza disse e deu continuidade à conversa: – Quando o sujeito perguntou pelo seu irmão, o Anacleto disse assim: "Ó família infeliz, aquela! Dona Emília não deu sorte na vida, coitada! O marido se matou com poucos anos de casado, deixando os filhos pequenos pra ela cuidar. Depois, o filho mais novo enlouqueceu e precisou ser internado num hospício. O filho mais velho, esse que se chama Cláudio, decidiu criar bois pra engorda e até que estava indo bem na empreitada, mas se desentendeu com um dos fornecedores por causa de dinheiro e os dois tiveram uma briga feia. O sujeito tentou furar o Cláudio com um punhal, e ele, dizem que pra se defender, deu uns tiros no infeliz".

Ao ouvir aquilo, Abel levou um susto. Encarou Zé Tristeza com espanto e perguntou:

– O que você está me dizendo? Tem certeza disso?

– Tenho, sim – o outro confirmou. – Além do Anacleto, um dos camaradas que trabalhava pro Cláudio também estava no armazém na hora da conversa e confirmou tudo, dizendo inclusive que presenciou a cena e que foi testemunha no julgamento. Segundo disseram, seu irmão foi preso, e o juiz não aceitou o argumento do advogado de que o assassinato fora em legítima defesa, ponderando que ele não precisava ter descarregado toda a munição do revólver no infeliz. Pelo jeito, seu irmão vai passar um bom tempo na prisão, pois o homem que ele matou era bem-conceituado e tinha certa influência com os poderosos da região.

– Meu Deus do céu! – Abel exclamou choroso. – E minha mãe? O que disseram sobre ela?

– Bem, o Anacleto disse que ela sofreu muito, mas que teve de superar a dor e assumir os negócios. Era a única forma de manter as contas em dia pra não perder a propriedade, que está empenhada no banco.

Abel ficou em silêncio, tentando absorver todas aquelas informações. Zé Tristeza deu um tempo para ele refletir e depois disse:

– Entende agora por que eu vim procurá-lo? O Anacleto disse que tem uns camaradas bons trabalhando pra sua mãe, mas, sabe como é... Sem a presença de um homem pra botar respeito, os sujeitos ficam meio abusados, e ela está praticamente sozinha...

Abel finalmente quebrou o silêncio e perguntou:

– O que você acha que eu devo fazer?
– No seu lugar, eu não perdia mais tempo e ia correndo pra lá. Não há razão pra ficar aqui, trabalhando pros outros, enquanto sua mãe está precisando tanto de você.

Foi assim que, naquela noite, Abel tomou a importante decisão de ir embora. No dia seguinte, bem cedo, disse ao agricultor que precisava partir, sem nada comentar sobre as ocorrências que o levaram a tomar tal decisão.

Na verdade, durante o período em que ali permaneceu, Abel havia se mantido tão incógnito quanto no dia em que chegou. Nenhum detalhe de sua vida fora exposto e nem mesmo o seu sobrenome fora revelado aos contratantes que o acolheram temporariamente.

Por sorte, a colheita já estava praticamente finalizada. Ele recebeu o que lhe deviam e em companhia de Zé Tristeza – que saíra discretamente e o esperava na estrada – rumou para a estação ferroviária, onde embarcou em busca do passado. Partiu aflito para se encontrar com a mãe e um pouco aliviado por se ver livre da embaraçosa situação passional em que se envolvera e que, ao que tudo indica, tinha grande chance de ter terminado em tragédia.

Porém, em algum compartimento inviolável de seu coração, o forte sentimento que passara a nutrir por Julia mantinha-se vivo e atuante, como uma chama inesgotável, fazendo-o lamentar a impossibilidade de viver integralmente aquele amor que, com certeza, era correspondido em toda a sua plenitude.

CAPÍTULO 20

Frustração

Em tese geral, pode-se afirmar que a felicidade é uma utopia, na busca da qual as gerações se lançam sucessivamente sem a poder jamais alcançar.
(O Evangelho segundo o Espiritismo – Capítulo 5 – Item 20 – Boa Nova Editora)

Naquele mesmo dia, quando Julia chegou ao local da colheita na esperança de ver Abel, teve a desagradável surpresa de não encontrá-lo. Com muito tato, procurando impor à voz um tom de descaso, aproximou-se do pai e perguntou:

– Ué... Cadê aquele moço que o senhor contratou?

O sitiante a olhou contrariado e respondeu com outra pergunta:

– Por que quer saber?

– Por nada, pai... Sei lá. Curiosidade... A colheita ainda não acabou. Por acaso ele está doente?

O agricultor respondeu com má vontade, enquanto virava-lhe as costas e se afastava com um enorme balaio às costas:

– O moço pediu as contas e foi embora.

Julia sentiu uma vertigem, como se o chão houvesse oscilado aos seus pés. Sua vontade era correr atrás do genitor e enchê-lo de perguntas, saber o que Abel alegara para ir embora, se havia prometido voltar na próxima safra... Mas não havia a menor possibilidade de fazer esses questionamentos sem levantar suspeitas.

Mais tarde, rondando a mãe, não conseguiu obter mais informações além das que já tinha.

– A única coisa que sei – disse a genitora – é que o moço fez os acertos com o seu pai hoje de manhã, disse adeus e foi embora.

– Que estranho – disse Julia. – Será que aconteceu alguma coisa?

– Como saber? – a mãe respondeu com outra pergunta. – Esperar o que de um sujeito estranho como aquele? Está certo que é um rapaz bem-apessoado, mas...

– Mas ele não falou nada sobre pra onde ia? – a moça atalhou.
– Não disse se pretendia voltar pra próxima colheita?

Havia em suas palavras um apelo tão desesperado e tamanha era a sua aflição, que a genitora só não percebeu por ser muito distraída e totalmente desprovida de malícias.

– A conversa dele foi com o seu pai – ela respondeu, indiferente à angústia da filha. – Se você quiser saber de mais alguma coisa, pergunte a ele.

– Isso é muito estranho... – Julia disse mais para si mesma do que para a mãe. Não se conformava com a partida de Abel. Seu coração parecia estar sendo moído em um triturador.

– Não há nada de estranho – respondeu a genitora. – Um moço sem eira nem beira, largado pelo mundo depois de brigar com o irmão. Era natural que em algum momento fosse mesmo embora.

E a conversa foi encerrada assim.

Antes de regressar para casa, Julia foi até o quartinho que estivera ocupado por Abel. Esperava encontrar ali algum vestígio sobre o destino dele, algo que pudesse alimentar a esperança de voltar a vê-lo. Revirou o colchãozinho de palha, vasculhou cada centímetro do cômodo, mas não encontrou absolutamente nada.

Tomada de tristeza, sentou-se na cama que ainda guardava o cheiro do rapaz, que ali dormira durante tantas noites, e começou a chorar até ser interpelada por uma sobrinha, criança de seis anos de idade, que perguntou:

– Por que você está chorando, tia?

Julia levou um susto. Levantou-se secando os olhos e respondeu ao passar pela menina, para infiltrar-se na estreita vereda que cortava o capinzal e seguia em direção à sua residência:

– Não tem ninguém chorando aqui, menina. Foi só um cisco que entrou no meu olho quando eu estava tentando limpar este quartinho imundo.

Chegando em casa, Julia se trancou no quarto e, vendo-se sozinha, finalmente pôde dar vazão ao pranto de desespero que lhe brotou da alma, provocando um dolorimento esquisito em alguma parte de seu ser. Uma dor que não podia ser abrandada por nenhum recurso físico, pois se manifestava na intimidade de sua alma.

Durante a viagem para casa, Abel contou a Zé Tristeza o que havia acontecido no período em que estivera na casa de Januária.

– Fiquei muito impressionado, meu amigo. Depois que você foi embora, apareceu por lá um homem chamado Nestor. Ele me disse que teve uma doença muito grave há uns vinte anos e que foi desenganado pelos médicos. Porém acabou sendo tratado e curado pela dona Januária.

– Interessante – respondeu Zé Tristeza. – Mas a gente consegue mesmo notar uma aura especial naquela mulher... Uma coisa diferente, incomum... Nem sei explicar direito.

– É verdade – concordou Abel. – Mas não é só isso. Sabia que ela fala com gente morta?

Zé Tristeza acenou positivamente.

– Sim. Eu percebi.

Abel ficou surpreso com a reação do amigo, pois achou que ele fosse se indignar, como a maioria das pessoas que ficavam sabendo daquela prática.

– Eu achava que esse tipo de coisa acontecia por ação do diabo, mas não é nada disso – o rapaz afirmou. – Do jeito que a dona Januária faz, a gente percebe que não há nada de errado. Ela ajuda as almas em sofrimento do mesmo modo como ajuda os vivos. E tudo o que faz é com a permissão de Deus, conforme ela diz.

Zé Tristeza, que o ouvia com uma calma surpreendente, perguntou:

– Você chegou a ver alguma coisa?

– Sim. E lhe digo: dona Januária só consegue ajudar tanto as pessoas porque conversa com os mortos. Foi desse modo que livrou o seu Nestor de um Espírito vingativo que provocava a doença dele. E foi assim que ela pôde me ajudar, convencendo um inimigo a me deixar em paz.

– Sério? Um inimigo seu? E você ouviu a conversa?

– Ouvi. Mas pela voz do seu Nestor. O Espírito que me perturbava e me fez ter aqueles surtos de loucura disse que foi prejudicado por mim, pelo meu pai e pelo Cláudio em uma vida passada. Disse que nos odeia porque nós tomamos as terras dele.

– E você acreditou nisso?

– No início, não. Mas depois começaram a aparecer em minha mente umas imagens muito reais mostrando o que havia acontecido e foi como se eu estivesse me lembrando de tudo o que ele estava dizendo. Além disso, ele falou que tinha induzido o meu pai ao suicídio sem que eu dissesse nada disso pra dona Januária.

– Que interessante!

– Interessante mesmo, porque, depois que a dona Januária o convenceu a me dar uma trégua, a minha mente se desanuviou de uma vez por todas. Eu voltei a ser uma pessoa lúcida e com boa disposição para o trabalho.

– Espere um pouco – observou Zé Tristeza. – Você acha que essa tragédia que aconteceu com o Cláudio tem a ver com esse Espírito?

– É justamente sobre isso que eu estava pensando – respondeu Abel. – Se eu fui induzido a tentar matar o meu irmão, o sujeito que brigou com ele também pode ter sido influenciado, você não acha?

Zé Tristeza fez um muxoxo.

– É, pode ser.

– Pois eu já não tenho a menor dúvida – Abel respondeu – e pretendo cumprir a minha parte do acordo com a pessoa que prejudiquei no passado.

– Acordo? Que tipo de acordo você fez com ele? Uma espécie de pacto?

Abel riu e disse:

– Pode-se dizer que é uma espécie de pacto do bem. Eu me mantenho em equilíbrio, buscando agir de acordo com as leis divinas, deixando de cometer os mesmos erros do passado, e ele me deixa em paz pra viver a minha vida.

Essa informação deixou o outro indignado.

– Minha nossa! – ele exclamou. – Deixar um Espírito vingativo vigiar os seus passos? Ditar regras de conduta pra você?

– Não sou eu que o deixo fazer isso – respondeu Abel. – É Deus que o permite.

– Mas por que Deus permitiria uma coisa dessas?

– Segundo a dona Januária, é pra me ajudar a corrigir os meus próprios defeitos. Eu só estou passando por essa situação porque a provoquei no passado. Então, enquanto o inimigo que eu mesmo angariei por causa da minha ganância estiver me vigiando, eu deixo de voltar a cometer erros e a conquistar mais inimizades. No fundo, mesmo parecendo ser uma coisa ruim, a vigilância do Espírito obsessor tem as suas vantagens.

Zé Tristeza ficou pensativo. Depois fez várias perguntas ao amigo. Levando em conta a bondade e a sabedoria de Januária, não dava para acreditar que ela pudesse ter inventado tudo aquilo. Afinal, que vantagens teria? Por que iria ludibriar uma pessoa por quem demonstrara tanto carinho e que procurara ajudar desde o primeiro momento em que a vira?

No fundo, aquele homem refletia sobre a própria vida e começava a encontrar respostas para algumas situações que vivenciara e para as quais, por mais que se esforçasse, não encontrava explicações convincentes no campo da materialidade pura e simples.

CAPÍTULO 21

Confidências

*O desapego aos bens terrestres consiste em apreciar
a fortuna pelo seu justo valor, em saber servir-se
dela para os outros e não só para si.*
(O Evangelho segundo o Espiritismo – Capítulo 16 – Item 14
– Boa Nova Editora)

Durante a longa viagem que os dois amigos fizeram, Zé Tristeza finalmente abriu seu coração e surpreendeu Abel com informações a respeito do seu passado.

– Sabe, Abel, nos últimos tempos eu tenho conseguido me lembrar de minha origem e de tudo o que aconteceu até o momento em que fui internado no manicômio.

– É mesmo? Então foi por isso que você conseguiu se lembrar dos detalhes de tudo o que lhe contei sobre a minha vida?

– Possivelmente, meu amigo. Na verdade, estou convencido de que eu mesmo criei um bloqueio mental pra esquecer a situação aflitiva em que fui envolvido.

– Você quer falar sobre isso? – Abel perguntou. – Talvez lhe faça bem.

– Sim. Eu vou lhe falar sobre a minha vida. Talvez as experiências que vivi possam até lhe servir de lição, pois você é ainda muito jovem e é possível que enfrente algumas situações complicadas.

Zé Tristeza então contou que começou a trabalhar na construção civil ainda na infância, pois seu pai era construtor e lhe ensinou a profissão. Ele se casou aos vinte anos de idade e se mudou com a esposa para uma cidade que estava em franco crescimento à época, devido à implantação de várias indústrias em seu território.

– Quando chegamos àquele município, os lotes eram baratos, pois muitos bairros ainda estavam só no projeto da prefeitura – ele disse. – Então, com algumas economias que eu havia ajuntado, comprei um terreno enorme e aos poucos fui construindo nele. Quando eu soube que uma grande avenida estava sendo projetada pra passar em frente ao meu terreno, comecei a construir um prédio imenso, com dezenas de lojas e salas comerciais.

Zé Tristeza disse que, com a grande demanda de mão de obra na construção civil, montou uma empreiteira e ganhou muito dinheiro. Assim, conseguiu erguer o prédio em alguns anos de luta e dedicação. Quando a obra terminou, a avenida era a mais movimentada da região e seu empreendimento se tornou extremamente rentável.

Tendo alugado todas as lojas e salas, ele passou a ter uma renda tão alta, que deixou de trabalhar e pôde dedicar seu tempo à esposa e à única filha do casal. Foi uma época de alegria e tranquilidade em sua vida.

– Quando minha filha completou dezoito anos, ela conheceu um rapaz muito simpático e decidiu se casar com ele. Eu e minha esposa aprovamos o casamento e os presenteamos com um belo apartamento. A vida continuava sossegada, mas minha esposa adoeceu gravemente e faleceu em pouco tempo. Além da tristeza de perdê-la, eu soube que ia gastar uma fortuna com o processo de inventário de nossos bens.

Assim, para que a filha, que era a única herdeira de tudo o que ele possuía, não tivesse que gastar nova fortuna quando ele morresse, Zé Tristeza decidiu colocar todos os bens em nome dela. Depois da morte da esposa, ele andava desanimado e achava que também não duraria muito.

O problema foi que, dois anos depois de ter ficado viúvo, sua filha apresentou a mesma enfermidade da mãe e teve morte quase instantânea, não dando tempo de se tomar qualquer providência. Porém, por ser um rapaz muito correto, o genro não tomou nenhuma medida no sentido de prejudicá-lo. Zé Tristeza continuou administrando as finanças da família.

– Mas o meu genro se apaixonou por uma moça ambiciosa que o convenceu a se casar com ela. Depois desse casamento, o meu sossego acabou. Ela o fez entrar com uma ação judicial contra mim e, sendo ele o único herdeiro de minha filha, todos os bens acabaram ficando nas mãos dela, que era extremamente possessiva e autoritária. Quando me vi destituído de minhas posses, adoeci e até pra me amparar o meu ex-genro teve de agir às escondidas, pois sua nova esposa não admitia que ele movesse uma palha em meu favor.

– Mas você não buscou os seus direitos na justiça? Não encontrou quem o defendesse? – Abel perguntou indignado.

– Não houve jeito – ele explicou. – A tal mulher tinha parentes infiltrados no sistema judicial e contratou advogados inescrupulosos que negociavam acordos desonestos em troca de propinas. Assim, por mais que eu tentasse, nenhuma ação seria favorável a mim, que me tornara pobre e sem a menor condição de impor uma contrapartida. Eu me perguntava por qual razão aquela mulher me odiava tanto. Como era possível uma pessoa que eu nunca tinha visto chegar assim do nada em minha vida e me aniquilar completamente?

– Ambição desmedida – observou Abel.

– Não era só ambição, meu amigo. Mesmo depois de ter me tirado tudo, aquela mulher não me dava um minuto de trégua. Parecia sentir um prazer imenso em me ver sofrendo.

E Zé Tristeza deu prosseguimento ao relato dizendo que entrou em profunda depressão, além de adquirir sérias complicações orgânicas em função de tantos aborrecimentos. Depois que ele permaneceu internado por longo tempo em uma clínica particular, o ex-genro disse que não poderia continuar pagando as despesas da internação, pois a esposa o havia proibido.

– Vendo-me totalmente sem recursos, deixei de lado o pouco de orgulho e amor-próprio que ainda possuía e fui atrás dela. Humilhei-me, implorei a ela que me ajudasse e tive a impressão de ter tocado seu coração, pois a mulher me disse que iria providenciar um bom hospital pra mim. Acreditei nas palavras dela e me deixei levar para aquele antro de sofrimento no qual fiquei preso por tanto tempo. Nunca imaginei que, ao se mostrar compadecida com o meu apelo, ela tivesse a crueldade de me mandar para um manicômio, mesmo sabendo que eu não tinha nenhuma doença mental...

Zé Tristeza silenciou por algum tempo e concluiu:

– Bem, esse é o resumo do que se passou comigo. O resto da história você já conhece.

Depois de desabafar, o homem se calou pensativo e Abel aguardou um pouco para perguntar:
– E agora? O que você pretende fazer?
Ele suspirou e respondeu baixinho:
– Nada. Mesmo que houvesse algo pra ser feito, eu não faria. Estou cansado demais pra me importar com essas coisas. Vou apenas tentar viver em paz daqui por diante.
– Poxa! Mas você deve odiar muito essa mulher...
– Não odeio mais – ele respondeu. – Já senti muita raiva dela e até mesmo a teria matado se tivesse oportunidade. Mas agora o que mais sinto por ela é pena. Principalmente depois do que você me contou sobre essa história de termos conquistado inimigos em vidas passadas, pessoas que foram prejudicadas por nós em algum momento e que acabam também se tornando escravas do desejo de vingança.
– Fico feliz por você, meu amigo, pois cada vez mais me convenço de que muitas das dores que nós sofremos são angariadas pela nossa própria vontade.
– Sim – Zé Tristeza observou. – Estava aqui pensando se essa mulher estranha, que apareceu em minha vida e tirou de mim tudo o que eu possuía, não teria sido vítima de minha ganância em outra encarnação.
Abel refletiu por algum tempo e disse:
– Faz sentido. Sendo Deus tão justo, como dona Januária diz, Ele jamais iria permitir que uma pessoa trouxesse prejuízos à nossa vida se não houvesse uma razão justa pra que isso ocorresse e se isso, de alguma forma, não fosse se reverter em algum tipo de aprendizado pra nós.
– Concordo plenamente, e esse pensamento me deixa mais conformado – falou Zé Tristeza. – E já vou dizendo que, mesmo que tivesse agora a oportunidade de me vingar dessa infeliz, ou mesmo numa encarnação futura, eu abriria mão da cobrança. O que pretendo mesmo é ficar em paz. Se tiver a chance de viver de novo, em outro corpo, tudo o que quero é reencontrar minha esposa e minha filha, que são os verdadeiros tesouros que encontrei na vida.

Abel apoiou a mão no ombro do amigo e disse:

– É uma ótima maneira de pensar. Porém, enquanto a morte não chega, eu lhe peço que fique junto comigo. Tenho certeza de que minha mãe vai gostar muito de conhecê-lo e de tê-lo ao nosso lado.

Zé Tristeza apenas sorriu e acenou positivamente. Estava emocionado demais para dizer qualquer coisa.

CAPÍTULO 22

Abandono

Quanto às pessoas unidas pelo único móvel do interesse, elas não são realmente nada uma para a outra; a morte as separa sobre a Terra e no céu.
(O Evangelho segundo o Espiritismo – Capítulo 4 – Item 18 – Boa Nova Editora)

Mais de dois meses haviam se passado desde que Abel deixara o sítio. Aos poucos, Julia ia se conformando com o abandono sofrido, mas a tristeza era ainda uma marca registrada em seu semblante. Inicialmente tinha se revoltado com a atitude do rapaz, mas depois acabara compreendendo. Afinal, o que de bom o futuro poderia lhes reservar? Era uma mulher casada, controlada pelo rígido sistema imposto pelos homens da família. A possibilidade de aquela história terminar em tragédia era muito grande, e ela jamais se perdoaria caso algo de ruim acontecesse a Abel.

Um dia, quando estava sozinha em casa fazendo o desjejum matinal, a esposa de João Lino sentiu uma forte tontura seguida de uma crise de enjoos e acabou vomitando o que havia acabado de ingerir. Assim que passou o mal-estar, um súbito questionamento a sobressaltou: estaria grávida?

Julia se lembrou de ter visto suas cunhadas sofrerem aquelas crises durante o período de gestação. Além disso, fazia dois meses que ela não menstruava, mas não havia se preocupado com esse detalhe, esquecida mesmo de que toda mulher que tem relações com um homem sem usar contraceptivos está sujeita a engravidar.

A novidade caiu sobre ela como uma bomba. Entretanto Julia procurou manter a calma, refletiu bastante e concluiu que não havia nada a temer. Afinal, era uma mulher casada e, embora não fosse uma prática muito frequente, mantinha relações íntimas com o marido. É claro que havia a possibilidade de o filho ser fruto de seu envolvimento com Abel, mas, em seu ingênuo pensamento, o fato de ter ficado apenas uma vez com o amante anulava essa probabilidade.

Então tratou de se convencer de que o filho que esperava era mesmo do marido e, assim pensando, preparou-se para contar-lhe a novidade ainda naquela noite.

João Lino chegou do trabalho e, depois de haver tomado banho e jantado, Julia se aproximou, olhou-o com o máximo de ternura que conseguiu imprimir ao olhar e disse:

– Tenho uma notícia pra lhe dar e acho que você vai gostar.

O marido a olhou curioso. Não fazia a menor ideia do que poderia ser, principalmente partindo da esposa fria e distante, que fazia questão de deixar claro o desprezo que nutria por ele.

– Pois diga logo – ele falou secamente.

– Nós vamos ter um bebê – Julia disse alisando a barriga.

A reação que João Lino teve naquele momento foi algo surpreendente. Ele se levantou em silêncio, foi até o quarto e voltou com um envelope na mão. Jogou-o em cima da mesa e disse:

– Você não me perguntou, mas, naquele dia em que estive na cidade, fui fazer uns exames para saber por que não temos filhos, pois não aguentava mais o seu pai me cobrando o tempo todo pra dar netos a ele.

Julia abriu um sorriso e disse animada:

– Então, pronto! Ele não vai mais lhe cobrar nada. Aqui está o nosso filho...

João Lino a interrompeu dando um soco na mesa.

– Não. Não há filho meu aí! Aqui está o resultado do exame. Olhe!

A moça sentiu a vista escurecer e as pernas bambearem.

– Quer dizer que você... Você...

– Eu não posso ser pai – João Lino gritou a plenos pulmões, encarando-a com raiva. – O exame diz que eu sou infértil.

A mulher teve que fazer um esforço imenso para não desmaiar, pois sua cabeça parecia girar em altíssima velocidade.

– Com quem você se deitou? Quem é o pai dessa criança, sua rameira traidora? – ele começou a gritar ainda mais alto.

Com dificuldade, Julia correu para o quarto, trancou a porta, jogou-se na cama e começou a chorar. Enquanto isso, em meio a um surto de loucura, o marido quebrava móveis e esmurrava as frágeis paredes da casa, promovendo um barulho assustador.

Lá fora, até os grilos e os sapos pareciam ter silenciado, como se eles também estivessem assustados com o desfecho daquela grave revelação.

Depois de algum tempo, João Lino se aproximou da porta do quarto. Julia se preparou para o pior, achando que fosse colocá-la abaixo, mas ele se contentou em golpear a madeira diversas vezes com a ponta de um punhal usado para abater porcos e rosnar feito um bicho selvagem:

– Durma, se puder, com essa sua consciência pesada, maldita traidora. Amanhã você vai ter que contar diante da sua família quem é o pai dessa criança. Então nós vamos decidir o que fazer com você e com o desgraçado que ousou desonrar a nossa casa. Só não acabo com a sua vida agora, porque preciso provar que tenho motivos de sobra pra promover um derramamento de sangue. Tenho certeza de que o seu pai e os seus irmãos ficarão do meu lado.

Após dizer isso e mais algumas palavras ofensivas, João Lino seguiu com passos duros para a sala e se jogou em uma rede que ali ficava estendida. Apesar da raiva que sentia, o cansaço físico o subjugava, exigindo repouso.

Praticamente imobilizada em sua cama, Julia pensava em um modo de se livrar daquela enrascada. Tinha certeza de que iria sofrer graves consequências pelo que fizera, pois crescera ouvindo histórias aterradoras a respeito de mulheres acusadas de terem cometido adultério naqueles rincões, onde a justiça era imposta pelo próprio reclamante. Ela tinha conhecimento de homens que haviam assassinado suas esposas alegando "legítima defesa da honra" e jamais tinham respondido por seus crimes. Aliás, um desses casos ocorrera na própria família. A mulher do irmão de seu pai, portanto sua tia, tinha desaparecido sem deixar vestígios, depois de ter sido acusada de haver flertado com o sanfoneiro que tocava em um baile ao qual o próprio marido fizera questão de levá-la.

Apesar de alegar inocência e de o esposo estar completamente bêbado quando supostamente teria flagrado o gesto de traição, os homens da família, incluindo o pai e o irmão mais velho de Julia, condenaram-na impiedosamente. Seu desaparecimento nunca foi esclarecido, mas todos sabiam que ela havia sido torturada e morta. Depois, segundo o que o próprio marido deixou escapar em um momento de bebedeira, o corpo da infeliz fora amarrado a pedras e atirado em um açude.

Ao pensar nessas coisas, Julia sentia engulhos no estômago, pois se preocupava também com a segurança de Abel. Ela achava que o rapaz deveria voltar para as colheitas futuras ou poderia ter dado a seu pai alguma pista de como ser encontrado. Se alguém tivesse suspeitado dele, Abel seria uma presa incauta nas garras daqueles justiceiros.

Assim, com os pensamentos fervilhando, as horas se passavam sem que ela chegasse a uma conclusão. Somente já de madrugada lhe ocorreu uma ideia: Julia sabia que justamente naquele dia o irmão iria sair bem cedinho para levar os frutos da colheita mensal ao posto de abastecimento da cooperativa. O caminhão já estava carregado desde a tarde anterior.

Então ela se levantou bem devagar, colou o ouvido à porta e escutou o ressono pesado do marido. Mais tranquila, enfiou algumas peças de roupa em uma bolsa e vestiu-se com uma calça comprida e uma blusa bem grossa, pois o tempo estava bastante frio. Apanhou seus documentos e algumas economias que mantinha guardadas em uma gaveta, fruto de várias peças que havia confeccionado na fiandeira e vendido às cunhadas. Abriu com cuidado a janela e saiu por ela, deixando a porta do quarto trancada por dentro.

Seguiu correndo pela vereda, entre o capinzal, torcendo para que o irmão não tivesse partido ainda. Respirou aliviada ao ver o caminhão estacionado ao lado do celeiro. Galgou a carroceria, forçou uma abertura na lona que protegia a carga e enfiou-se entre as sacarias de grãos, tomando o cuidado de fechá-la novamente.

Meia hora depois, o veículo seguia pela estrada em direção à cidade. Com uma parte do coração mais tranquila e outra completamente destruída, Julia chorava, tendo a certeza de que fazia um caminho sem volta.

Faltando uns cinquenta quilômetros para chegar à cidade, o irmão de Julia parou em um posto de combustíveis à beira da estrada para tomar café na lanchonete e usar o banheiro. Ela sabia que o irmão sempre parava ali e já havia programado o que deveria fazer: saltou da carroceria e se escondeu até ver o caminhão em movimento, ocultado pelas curvas da estrada.

Julia sabia que aquele local era um ponto de parada de ônibus e que havia um guichê para a venda de passagens a diversos municípios. Adquiriu bilhete para uma cidade bem distante, aliviada por possuir dinheiro suficiente para pagar a viagem e ainda ter sobrado o bastante para se manter por algum tempo.

Meia hora depois embarcava para novo destino levando consigo uma profusão de angustiosos e desconexos sentimentos. Não sabia exatamente o que a aguardava, mas o único caminho que lhe oferecia qualquer esperança era aquele que se abria à sua frente, inopinado e incógnito, porém consistente.

CAPÍTULO 23

Regresso

Assim, pois, que estas palavras: "Nós somos pequenos"
não tenham mais sentido para vós. A cada um sua missão,
a cada um seu trabalho.
(*O Evangelho segundo o Espiritismo* – Capítulo 1 – Item 10
– Boa Nova Editora)

Era fim de uma tarde morna de outono quando Zé Tristeza e Abel chegaram à porteira do sítio onde o rapaz nascera e fora criado. Muita coisa havia mudado ali. As divisas já não eram as mesmas, pois as terras da família haviam aumentado bastante depois de serem somadas à propriedade que Cláudio adquirira para a criação de bois.

Ao longe, alguns camaradas lidavam com dezenas de animais que estavam confinados no curral, enquanto uma carreta aguardava estacionada nas proximidades, possivelmente para que o gado fosse embarcado e conduzido para algum cliente.

Antes que Abel abrisse a porteira, Zé Tristeza disse:

– Espere, meu amigo. Eu vou voltar daqui.

O rapaz lançou para ele um olhar de repreensão e foi taxativo quando falou:

– De jeito nenhum! Você vai ficar comigo e com minha mãe. Aqui será o seu novo lar...

O homem movimentou a cabeça em negação.

– Agradeço a sua generosidade e sei que a sua oferta parte do coração. Sei também que sua mãe me acolheria com boa vontade, mas eu preciso partir.

– Por quê? – Abel perguntou inconformado.

– Eu já expliquei as minhas razões quando estávamos na casa de dona Januária. Só voltei a procurá-lo, meu rapaz, pra que você soubesse o que estava se passando com sua mãe. Agora eu preciso ir. Fique com Deus! Cuide-se...

– Quer dizer que nunca mais voltarei a vê-lo? – Abel perguntou com voz melancólica.

– Nunca mais é muito tempo, meu amigo! – Zé Tristeza respondeu tentando sorrir. – Com certeza voltaremos a nos ver.

E, sem que Abel pudesse dizer mais nada, ele o abraçou, depois virou as costas e seguiu a passos rápidos, deixando rastros sutis na poeira da estrada.

Enquanto seguia em direção à casa onde passara a infância, Abel estava bastante emocionado, reprisando mentalmente tudo o que vivenciara naquele lugar. De repente, uma mulher de cabelos parcialmente grisalhos apareceu em uma das janelas e por alguns segundos fixou o olhar no rapaz que se aproximava. Depois deu um grito de alegria, abriu a porta e saiu correndo para recepcioná-lo.

– Abel! Abel! Oh, meu Deus... É você mesmo, meu filho?

O abraço entre mãe e filho foi uma cena comovente. Os dois permaneceram inertes por um bom tempo, deixando a emoção conduzir suas ações.

Depois de alguns minutos, afastaram-se um pouco e se contemplaram com os olhos embaçados pelas lágrimas.

– Você está lindo, meu filho! Por onde andou esse tempo todo?

O rapaz secou os olhos com o dorso da mão e respondeu com outra pergunta:

– Como a senhora sabe que eu não estava no manicômio?

– Não faz muito tempo que eu fui visitá-lo. Minha ideia era tirá-lo de lá, mas me informaram que você havia fugido – ela respondeu entre soluços. – Fiquei tão desesperada sem notícias suas... Cheguei a pensar que você tivesse morrido... Mas venha, vamos entrar e você me conta tudo.

Os dois entraram abraçados. Havia tanto assunto para conversarem, que eles mal sabiam por onde começar.

Abel contou tudo o que se passara com ele no manicômio, inclusive sobre a fuga que fizera com um companheiro e que terminara no casebre de uma benzedeira. Não entrou em detalhes, mas narrou a experiência que tivera na casa de Januária e deixou Emília intrigada com a comunicação recebida do além-túmulo.

O rapaz disse que havia passado os últimos meses trabalhando nas terras de um lavrador e que só decidira procurar a mãe devido àquilo que o parceiro de fuga havia descoberto no armazém do Anacleto.

– Então você já sabe o que aconteceu com o seu irmão? – Emília perguntou, enxugando uma lágrima que escorreu pelo canto do olho.

– Sim. Como eu disse, o Anacleto falou sobre isso e o meu amigo ouviu a conversa.

– Faz cinco dias que o enterramos – a mulher disse, com os olhos marejados e a mão espalmada sobre o coração.

Abel a olhou espantado e perguntou:

– Enterraram? Como assim? O que eu soube foi que ele estava preso por ter assassinado um homem...

– Ah, meu filho! Desculpe, pois eu pensei que você já soubesse do que houve depois.

– Não estou sabendo nada sobre isso, mãe. O que houve, afinal?

– Na semana passada, seu irmão apareceu morto na prisão. O diretor alegou que ele cometeu suicídio, mas eu tenho cá as minhas dúvidas. Pra mim, o Cláudio foi vítima de uma vingança. Os parentes do homem que ele matou devem ter providenciado a morte dele.

– Mas então nós devemos tirar essa história a limpo. O que podemos fazer pra esclarecer isso? – Abel perguntou revoltado.

Emília acenou a cabeça em um movimento negativo e respondeu:

– Nada mais pode ser feito, meu filho. O Cláudio está morto e enterrado. Agora o ajuste de contas é entre ele e Deus. Se alguém o assassinou, acabará encontrando justiça nas mãos de outro assassino, pois violência sempre atrai violência. Infelizmente seu irmão tinha o pavio muito curto. Apesar de ser trabalhador e inteligente, vivia metido em confusão e gostava muito de se impor sobre os outros.

A conversa prosseguiu, com Emília colocando Abel a par de tudo o que havia acontecido durante o período em que ele estivera ausente.

– Depois que você foi internado, por diversas vezes pedi ao Cláudio que me levasse pra visitá-lo, mas ele tinha sempre um motivo pra adiar a viagem. Além disso, enquanto seu irmão esteve à frente dos trabalhos, nós tivemos muitos problemas por aqui: animais que adoeciam sem mais nem menos, compradores que não honravam os compromissos de pagamento, acidentes que matavam os nossos bois... As coisas andaram tão complicadas, que estivemos ameaçados de perder a propriedade para o banco. No entanto, depois que eu fui obrigada a assumir a direção, tudo passou a dar certo. Os negócios se tornaram tão rentáveis que, pelas minhas previsões, a dívida com o banco será paga muito antes do prazo estipulado.

Abel ficou impressionado ao ouvir o relato de sua mãe e novamente se lembrou da queixa feita pela entidade que os perseguia. Estava cada vez mais convencido de que por trás de todas aquelas desgraças havia a ação do Espírito obsessor, cuja perseguição era voltada apenas para ele, o pai e o irmão. Ao que tudo indicava, a mãe estava isenta daquele ódio.

– A questão financeira não me preocupa mais – Emília afirmou. – Meu sofrimento se manifestava todo no campo afetivo, com tanta coisa ruim acontecendo em minha casa. Mas agora, com a sua volta, meu coração está bem mais aliviado.

Nos dias que se seguiram, Abel assumiu a direção dos negócios, para tranquilidade de Emília, que voltou a experimentar um pouco de paz depois de tantas contrariedades.

CAPÍTULO 24

Comparações

Não é com as leis que se decretam a caridade e a fraternidade; se elas não estão no coração, o egoísmo as sufocará sempre.
(O Evangelho segundo o Espiritismo – Capítulo 25 – Item 8
– Boa Nova Editora)

No casebre de Januária, João Lino se queixava falando sobre os fatos ocorridos em sua casa. Depois de dizer a Januária o que Julia havia feito, narrou o que se passara na manhã seguinte à descoberta de que ela estava grávida:
– Tive uma noite infernal, cheia de pesadelos. De manhã bati à porta do quarto, pois pretendia colocar Julia diante de sua família e obrigá-la a esclarecer aquela história. Como ela não se manifestou, decidi invadir o cômodo de qualquer jeito. Arrombei a porta, mas quando entrei no quarto ele estava vazio. Aquela despudorada havia pulado a janela e desaparecido no mundo. O pior é que ninguém sabe onde aquela traidora foi parar. Ah, se arrependimento matasse! Eu deveria ter resolvido a questão naquela mesma noite, pois tenho certeza de que o pai e os irmãos dela me dariam o maior apoio – finalizou, depois de contar em detalhes o que havia ocorrido.
Januária abanou a cabeça em um gesto de inconformismo. Podia não concordar com a atitude de Julia, mas se sentia triste ao pensar nas dificuldades que ela deveria estar enfrentando. Indignava-se com a ignorância e o egoísmo nas ações daqueles homens insensatos, inclusive nas do neto, a quem tentara conduzir para o bom caminho.
Sentia a energia vital esvaindo-se aos poucos de seu corpo físico, já bastante idoso; sabia que em breve deixaria o plano material, e a única coisa que lamentava era o fato de não haver conseguido pacificar o rude coração do menino que lhe fora confiado ainda nos primeiros anos de vida.

– Você falou com a família dela sobre a gravidez? – Januária perguntou, enquanto preparava o almoço, temperando algum alimento que cozinhava em uma panela de barro.

– Era o que pretendia fazer, mas acabei deixando pra lá – ele respondeu. – Pra afirmar que o filho não era meu, eu teria que revelar o segredo de que não posso ser pai. Como a Julia já tinha mesmo ido embora, achei melhor não dizer nada, pra não virar motivo de chacota para aquela gente. A queixa que fiz foi somente pelo abandono do lar.

– Sempre esse machismo terrível definindo as ações dos homens, hein? Vocês não aprendem nunca, meu filho! – Januária disse, voltando a movimentar negativamente a cabeça, enquanto o neto se mantinha inquieto, fazendo uns movimentos bruscos com os ombros. – Passei a vida lhe ensinando boas maneiras, falando sobre a necessidade de amar o próximo, perdoar as ofensas, praticar a caridade... Mas minhas palavras lhe entraram por um ouvido e saíram pelo outro, não é mesmo?

João Lino virou as costas para a avó e ficou olhando para o quintal, onde os vira-latas dormitavam à sombra das goiabeiras, espantando com o rabo a nuvem de maruins que os atacava.

Depois de alguns segundos de silêncio, demonstrando não ter se abalado com as palavras de Januária, ele falou:

– Eu não me conformo! A Julia não podia ter ido embora sem pagar pelas coisas erradas que fez. Eu deveria ter dado ao menos uma bela surra naquela infeliz...

Sem nada dizer, Januária colocou a panela de barro sobre a mesa, entregou um prato na mão do neto e disse:

– Sirva-se. Você deve estar com fome. Se for pra ficar nervoso, que ao menos esteja com a barriga cheia.

João Lino adorava a comida que a avó lhe preparava desde a infância e, mesmo em um momento aziago como aquele, não a dispensava de jeito nenhum. Porém naquele dia, ao destampar a panela, recuou com cara de nojo.

– Mas que diabo é isso, vó?

Ela o olhou com naturalidade e respondeu:

– Jiló com quiabo, ué! O que tem de errado aí?

Ele voltou a tampar a panela, mantendo no rosto a expressão de asco.

– A senhora sabe que eu odeio jiló com quiabo. Por que fez isso comigo?

Então a mulher sentou-se de frente para ele, encarou-o bastante calma e disse com voz conciliadora:

– Fiz isso pra mostrar uma coisa que você tem se recusado a entender, meu filho. Imagine que você fosse obrigado a ficar morando em uma casa onde tivesse que comer jiló com quiabo para o resto da vida. O que faria?

– Eu buscaria outra opção – ele respondeu, sem pensar direito sobre o questionamento.

– E se não houvesse outra opção? Se não lhe dessem chance nem de expor a sua contrariedade? E se ainda ameaçassem surrá-lo e até mesmo matá-lo por discordar daquela imposição?

João Lino ficou pensativo, tentando entender onde a avó pretendia chegar com aquela conversa. Depois de um tempo, respondeu:

– Eu fugiria.

Januária abriu um largo sorriso. A conversa havia chegado exatamente onde ela esperava:

– Ué, então você não pode ficar bravo com a sua mulher por ela ter fugido. O casamento de vocês foi um grande erro, pois representava pra ela o que esta panelada de jiló com quiabo representa pra você. O mesmo nojo que você sentiu quando destampou a panela, a Julia deve ter sentido muitas vezes nesses cinco anos de casamento forçado, tendo que ingerir todos os dias coisas que lhe causavam repugnância.

João Lino voltou a silenciar. Por mais rude que fosse, não tinha como negar a legitimidade daquela comparação.

Januária se levantou e substituiu a panela de barro por outras contendo alimentos que ele apreciava, mas o modo abrupto e incontestável com que havia exposto aquela realidade fez a fome do neto desaparecer como em um passe de mágica.

Ela aproveitou esse momento de reflexão e perguntou:

– Você conhece a história do homem que criava canários?

João Lino arqueou os lábios sinalizando que não, e a avó, sem dar trégua para que ele refutasse, começou a falar:

Havia um homem que se gabava de ter os canários mais felizes do mundo, porque eles eram muito bem tratados e cantavam o tempo todo. Um dia, um velho sábio perguntou a ele:

– Como é que você sabe que os seus canários são mesmo felizes?

– Sei que são felizes porque eu os trato bem e não deixo faltar nada em seu viveiro – ele respondeu.

– Mas o viveiro está trancado ou aberto? – perguntou o sábio.

– É óbvio que está trancado – o criador de canários afirmou.

O outro o olhou demoradamente e disse:

– Nesse caso, há uma grande possibilidade de que você esteja enganado. Experimente abrir a porta do viveiro; se os pássaros continuarem lá, você poderá dizer que são realmente felizes, mas eu acho que você terá uma grande surpresa.

O sujeito foi pra casa refletindo sobre aquilo, achando que aquele velho metido a sábio era um cara intrometido e chato.

E tanto pensou no assunto, que decidiu abrir a porta do viveiro, pretendendo provar que a teoria do outro era um grande equívoco. Porém, assim que as aves viram a porta aberta, houve uma debandada e em menos de um minuto todas haviam desaparecido entre as árvores de um bosque que ficava perto dali.

Bastante frustrado, o criador de canários continuou colocando água e alpiste no viveiro todos os dias, na esperança de que ao menos alguns deles voltassem, mas isso nunca aconteceu.

Então ele compreendeu que o que parecia ser o cântico de felicidade daquelas aves era apenas um gemido triste lamentando a liberdade perdida.

Quando Januária terminou a narrativa, João Lino se lembrou do apelo que Julia fizera antes do casamento para que ele desistisse daquela ideia absurda. "Eu não o amo. Nunca vou ser feliz ao seu lado, nem terei condições de fazê-lo feliz", ela dissera.

Finalmente começava a compreender que a esposa vivera ao lado dele como um daqueles canários tristes, preso no viveiro. A porta trancada era representada pela imposição determinante do pai e pelo seu egoísmo ao insistir em uma relação tão desconfortável para ela.

Entendeu que, se a qualquer momento, no decorrer daqueles cinco anos, tivesse dado a Julia a chance de escolher entre ir embora ou permanecer ao seu lado, a escolha dela teria sido a mesma das aves cativas da história narrada pela avó.

Então o neto de Januária foi obrigado a admitir a grande parcela de culpa que tivera em tudo aquilo. Não pensava em ter a esposa de volta. Primeiro, porque era improvável que ela voltasse; segundo, porque não possuía grandeza de espírito suficiente para perdoá-la. Mas também já não lhe desejava mal.

Pretendia ficar vivendo nas terras do sogro enquanto ele permitisse e deixaria o destino se encarregar de conduzi-lo para o caminho que bem lhe aprouvesse. Quanto a Julia, ela que se virasse com as consequências de seus atos e tocasse a vida a seu modo. Isso era o melhor que ele tinha a oferecer e, em se tratando do meio hostil e machista em que vivia, dava-se por satisfeito com a própria consciência.

Assim pensando, atacou as panelas de Januária, pois o tempero do feijão provocou-lhe o olfato. Seu estômago, em rumorosas contrações, voltara a declarar urgência.

CAPÍTULO 25

Mediunidade

A mediunidade é dada sem distinção, a fim de que os Espíritos possam levar a luz em todas as fileiras, em todas as classes da sociedade.
(O Evangelho segundo o Espiritismo – Capítulo 24 – Item 12
– Boa Nova Editora)

Com o passar dos anos, Abel e Emília acabaram se tornando prósperos pecuaristas, e a situação financeira da família encontrava-se devidamente estruturada, com todas as dívidas pagas e a produção em franco crescimento.

Uma noite, o rapaz sonhou com Januária e acordou pensando nela. Recordou-se de tudo o que a benzedeira lhe dissera, anos atrás, sobre a vida espiritual, lembrando-se ainda de que, segundo ela, seu pai era subjugado pelo inimigo angariado em vidas passadas. Esse pensamento o inquietou, pois havia três anos que o irmão também regressara à pátria de origem. Ele agora se perguntava como estaria a situação dos três daquele lado da vida.

Abel sabia que, em uma cidade não muito distante da sua, havia um atuante centro espírita em que um médium, famoso pelo amor incondicional devotado aos sofredores, era procurado por pessoas de várias partes do país. Segundo se dizia, ele falava aos mortos com a mesma desenvoltura com que aconselhava os vivos, consolando viúvas, mães, pais, filhos... enfim, pessoas que haviam perdido seus entes queridos e para ali acorriam em busca de notícias.

Abel já havia chamado a mãe algumas vezes para irem ao tal centro, mas Emília, apesar de ser uma mulher espiritualizada, era do tipo que ficava em cima do muro. Sempre que o rapaz propunha a viagem, ela dizia:

– Ah, meu filho! Eu acredito em vida após a morte física e intercâmbio entre os dois planos, porque já tive experiências dentro de minha própria casa, mas daí a me envolver com esse tipo de artimanha há uma distância muito grande.

— Mas não há nada de errado nisso, mãe. Aliás, se não fosse por esse intercâmbio, eu poderia estar doente até hoje. Talvez até já tivesse morrido...

— Deus me livre! — gritava Emília batendo na madeira. — Não me fale mais em morte nesta casa.

Depois da lembrança que tivera de Januária, Abel foi como que impulsionado por uma força interior, sem fazer a menor ideia de onde provinha. Mas foi justamente guiado por esse desejo que partiu para a tal cidade onde o centro espírita se localizava. Agora ele possuía um bom veículo e estava habilitado para dirigir. Por isso, chegou em pouco tempo ao destino.

Na casa espírita, ele ficou impressionado com a quantidade de pessoas que aguardavam em uma fila para serem atendidas. Vários voluntários ajudavam no atendimento, organizando a fila, distribuindo senhas, tirando dúvidas e realizando entrevistas com os assistidos quando esse procedimento se fazia necessário.

Abel esperou durante horas até o momento em que um rapaz o chamou e o introduziu em uma pequena sala onde uma luz frouxa deixava o cômodo em penumbras e uma música suave mergulhava o ambiente em uma espécie de abstração melódica.

Ali, além do médium principal, duas mulheres e três homens estavam posicionados lateralmente, todos sentados em torno de uma mesa, em profundo silêncio. O rapaz foi convidado a tomar assento em uma das cadeiras que estavam vazias e, depois da prece proferida por uma das mulheres, o médium principal, que era um homem de aproximadamente sessenta anos e tinha um semblante sereno e amoroso, disse:

— Seja muito bem-vindo, meu filho! Estávamos aguardando-o.

Abel o olhou intrigado e perguntou:

— Me aguardando?

— Sim — o homem respondeu. — Eu e dona Januária o esperávamos.

O rapaz percorreu o ambiente com os olhos.

— Dona Januária está aqui?

– Está, mas você não poderá vê-la ainda – disse o médium. – Na verdade, ela não pertence mais ao plano da matéria. Nossa irmã desencarnou e se encontra na pátria espiritual. Foi por isso que vocês estiveram juntos numa noite dessas, naquilo que você julgou ter sido sonho. Foi ela que o impulsionou a vir aqui, pois quer lhe dar um recado.

Depois de breve silêncio, uma das mulheres começou a falar:

– Meu filho, estou feliz que tenha vindo. Vejo que você se reencontrou com sua mãe e que a vida lhe tem sido generosa, o que é muito bom. Quanto ao seu pai, graças à ação de entidades apaziguadoras, ele já está praticamente liberto do flagelo imposto por aquele irmão que o tem como inimigo. Dentro de algum tempo, ele deverá retornar ao plano da matéria pra dar sequência às tarefas que ficaram inacabadas.

Abel estava bastante emocionado, pois, embora ditas pela médium, as palavras tinham praticamente o mesmo timbre da voz de Januária.

– Quanto ao seu irmão – ela prosseguiu –, ele precisará de muitas preces, pois chegou bastante revoltado ao plano espiritual. Sugiro que você continue frequentando esta casa de caridade, trazendo a sua solidariedade e o seu carinho, pois assim poderá ajudar a resgatar o seu irmão das zonas de sofrimento em que ele se encontra.

Januária disse mais algumas coisas, principalmente aconselhando o rapaz a manter o coração aberto para a caridade e o amor ao próximo. Depois se despediu com palavras afetuosas, deixando Abel com o coração enternecido.

Em meio ao silêncio que se seguiu, ele perguntou ao médium dirigente da reunião:

– Quando foi que dona Januária morreu? O senhor a conhecia?

– Eu não a conheci em vida – ele respondeu. – Mas, segundo ela me disse, seu desencarne ocorreu recentemente, numa noite em que se deitou pra dormir e foi desligada do corpo físico durante o sono.

– E como ela pode estar tão lúcida e atuante no plano espiritual em tão pouco tempo? – ele perguntou curioso.

O outro sorriu e explicou:

– Meu jovem, quando o trabalhador está pronto, há sempre muitas tarefas esperando por ele, seja neste ou no outro plano. Em seus relevantes serviços, dona Januária, mesmo encarnada, já frequentava a esfera espiritual por meio de desdobramentos. Portanto, atuar daquele lado não é nenhuma novidade pra ela.

Aquela foi mais uma interessante lição que Abel recebia sobre o intercâmbio entre os dois planos da vida.

Quando ele achou que a sessão havia terminado e já pensava em ir embora, o médium principal disse:

– Há outra pessoa que quer lhe falar.

Fez-se silêncio. Novas emoções estavam reservadas ao rapaz, que passou a ouvir, pela voz de um dos homens ali presentes, o timbre de voz do amigo Zé Tristeza. Abel levou um susto, pois isso significava que ele também havia desencarnado.

– Olá, meu filho! Você deve estar se perguntando quando foi que eu desencarnei, não é mesmo? Pois eu lhe digo que faz mais de vinte anos que isso aconteceu. O problema é que eu não sabia, pois estava com tanta mágoa no coração, que não dei abertura pra ninguém se aproximar de mim. Eu andava tão convencido de estar encarnado, que acabei até convencendo-o também, não foi? Quem me abriu os olhos foi dona Januária, no dia seguinte àquele em que chegamos à casa dela. Lembra-se daquela conversa reservada embaixo das goiabeiras? Pois é. Foi um grande choque que levei, mas foi também a partir dali que comecei a me conscientizar de que não pertencia mais ao mundo material; que todas as posses que eu havia adquirido já não me serviriam pra nada. Aprendi que o apego exagerado aos interesses da matéria e o cultivo de sentimentos negativos depois da morte podem manter uma alma prisioneira de si mesma, vagando pelo mundo indefinidamente.

Vendo que o rapaz estava curioso para saber como ocorrera o processo que lhes permitira conviverem juntos, como se ambos estivessem encarnados, ele explicou:

– Você, Abel, é um médium excepcional. Foi você quem doou a substância necessária para a minha materialização e permanência ao seu lado. Mas, como o ectoplasma é um fluido muito sutil, somente você e dona Januária, com suas visões mediúnicas, conseguiam me ver. A pedido dela, decidi ajudá-lo a se reaproximar de sua mãe, mas o grande beneficiado fui eu mesmo, pois aprendi muito enquanto estive ao seu lado. Sua amizade reabriu o meu coração para os sentimentos afetivos que haviam se deteriorado nele.

Zé Tristeza explicou que, naquela tarde de outono, logo depois de se despedir de Abel na porteira da estradinha poeirenta, reencontrou-se com a esposa e a filha. Agora estava se recuperando ao lado delas em uma colônia espiritual.

– Não me chamo mais Zé Tristeza – ele disse. – O nome pode até ser o mesmo, mas os sobrenomes agora são outros: Alegria, Paz, Esperança, Amor... Qualquer um desses se encaixa perfeitamente nessa nova fase de minha vida.

Foi com emoção que se despediu, desejando felicidades ao rapaz, que a tudo ouviu com os olhos marejados. Porém, antes de ir-se embora de vez, o desencarnado tornou-se visível, para que não ficasse a menor dúvida de que era ele mesmo que estava ali.

Seguiu-se novo silêncio, que foi quebrado pelo médium principal. Juntamente com Abel, ele tinha visto a materialização de Zé Tristeza e ficara bastante empolgado com tudo aquilo.

– Abel, se você puder, continue vindo aqui – disse ele. – Pelo que vejo, você possui importantes faculdades mediúnicas, além de ter um coração gentil e amoroso. Se quiser, poderá contribuir com os nossos trabalhos. Estamos precisando muito de pessoas como você em nossas tarefas.

– O problema é que eu moro em outra cidade – ele respondeu. – Fica um pouco distante daqui.

O homem respondeu sorrindo:

– A distância não será empecilho pra você vir de vez em quando, meu filho. Nem todos os voluntários que aqui atuam são desta cidade; muitos vêm de longe, de trem, de ônibus, a cavalo e até mesmo a pé. Se você se sentir tocado no coração e quiser nos ajudar, estaremos de braços abertos pra recebê-lo. Se não puder vir como servidor, venha nos visitar de vez em quando e saber notícias de seus entes queridos. Você será sempre muito bem-vindo aqui!

O rapaz agradeceu e disse que iria considerar a proposta com muito carinho.

No caminho de volta, Abel pensava em tudo o que havia acontecido, lembrando-se das palavras de Januária e de Zé Tristeza. Estava impressionado por não haver percebido que o companheiro com quem fugira do manicômio e que o acompanhara depois, na viagem de retorno ao lar, era um "fantasma". Chegou a rir pensando em como a benzedeira fora discreta e generosa, tratando seu companheiro como um encarnado normal, possivelmente para que ele não se assustasse e os dois não fossem privados daquele importante auxílio mútuo.

Ao lembrar-se de que Januária havia dito que seu pai estava se preparando para uma nova encarnação, Abel ficou pensando em que circunstâncias ele reencarnaria e quem seriam os seus pais. De repente, a ideia de ser pai ou avô de seu próprio genitor lhe pareceu animadora, mas como? Apesar de haver conhecido algumas moças e até mesmo de ter flertado com algumas delas, Abel continuava solteiro. A única namorada que estivera próxima de um compromisso mais sério com ele se mostrara tão interesseira e arrogante depois de alguns meses de convívio, que acabou por si só inviabilizando a relação.

O comportamento da candidata a esposa o fez lembrar-se da amarga experiência vivida por Zé Tristeza com a ambiciosa "agregada familiar", e ele achou melhor se livrar daquela situação, que poderia representar sérios problemas no futuro, comprometendo inclusive a harmônica relação entre ele e a mãe.

Porém, a verdade é que o coração do filho de Emília seguia ocupado pela lembrança de Julia, pois em nenhuma outra mulher ele conseguira vislumbrar o encanto e a emoção encontrados junto a ela.

Mesmo depois de tanto tempo, Abel continuava sonhando com a única noite de amor em que a tivera nos braços, e sua impressão era a de que, a cada sonho, aquele forte sentimento se renovava, alimentando a esperança de um dia reencontrá-la em condições mais favoráveis. Embora parecendo um sonho impossível de se realizar, algo lhe dizia interiormente que nem tudo estava perdido.

Era com essa esperança a lhe aquecer o coração que ele se esquivava cada vez que Emília, entre brincadeiras e cobranças, perguntava quando é que iria embalar em seus braços pelo menos uns três ou quatro netinhos.

CAPÍTULO 26

Maternidade

> *A duração da vida da criança pode ser, para o Espírito que está nela encarnado, o complemento de uma existência interrompida antes do fim desejado.*
> (O Livro dos Espíritos – Questão 199 – Boa Nova Editora)

Fazia quase sete anos que Julia estava vivendo em uma cidade relativamente grande. Ali precisou se munir de muita coragem e criatividade para sobreviver. Hospedou-se em um precário pensionato para mulheres e já na primeira semana conseguiu trabalho como balconista em uma lanchonete. Inicialmente sofreu bastante, pois o cheiro de óleo queimado das frituras que eram feitas o tempo todo a deixava enjoada, mas aos poucos foi se acostumando.

À medida que o tempo passava, sua barriga ia crescendo e ela disfarçava como podia, pois não queria que a patroa soubesse que estava grávida. À noite, sozinha em seu quarto, despia-se e deixava o filho se mexer à vontade em seu ventre. Embora não tivesse ainda contato visual com ele, começou a criar um vínculo indissolúvel com aquele serzinho que aos poucos lhe despertava sentimentos mais otimistas em relação à vida.

Durante os momentos mais difíceis, ela conversava com o bebê, e isso fazia com que se sentisse mais fortalecida. Nesses monólogos, Julia ficava repetindo baixinho:

– Não se preocupe, meu filho! Não importa o que aconteça nesta vida tão difícil, pois mamãe sempre vai cuidar de você.

E ela não tinha dúvida de que realmente o faria. Havia deixado tudo para trás e só lhe restava agora aquela criança, único objeto do seu amor.

Com sete meses de gestação, não havia mais como ocultar a protuberância na barriga. A dona da lanchonete, apesar de ter se sentido traída, havia se afeiçoado a Julia e prometeu que quando estivesse próximo da hora do parto iria ajudá-la a abrigar-se em uma instituição beneficente que acolhia gestantes em dificuldades.

Alguns dias antes do rompimento da bolsa amniótica, Julia foi acolhida no abrigo e depois encaminhada a uma maternidade conveniada, onde deu à luz. Foi assim que seu filho veio ao mundo. Registrou-o com o nome de José e acrescentou à certidão de nascimento apenas o próprio sobrenome.

Alguns meses depois, já restabelecida do parto e com o pequenino não dependendo tanto de mamar em seus seios, ela retomou as atividades na lanchonete, agora para ocupar uma função mais relevante e com melhor salário. O retorno ao trabalho só foi possível porque a instituição que a acolhera funcionava também como creche e era lá que José ficava enquanto Julia cumpria expediente.

Com o passar dos anos, a vida foi se tornando menos difícil. Sem perceber, a mocinha da roça foi perdendo a ingenuidade, tornando-se mais preparada para o mundo, mais independente, e às vezes até se pegava rindo de brincadeiras e comentários jocosos feitos pelas poucas colegas de trabalho com quem criara laços de amizade.

A patroa de Julia, que havia inaugurado outros pontos comerciais na cidade, vendo nela uma pessoa dedicada e de confiança, promoveu-a à gerência de um desses novos estabelecimentos e praticamente dobrou-lhe o salário.

Julia deixou o pensionato e alugou uma casa pequenina em um bairro popular, na periferia da cidade. Ganhou uns móveis usados de suas colegas de trabalho, comprou outros e passou a viver com um pouco mais de conforto. Apesar de morar em uma comunidade carente, desprovida de saneamento básico, a vida agora já não lhe parecia tão amarga.

A moça do interior conseguia sorrir mais amiúde, cantava junto com os artistas as músicas populares que tocavam no radinho de pilha que comprara e até gargalhava quando brincava com o filho. De repente, o mundo deixou de ser tão cinzento aos seus olhos. E o colorido desse novo mundo tinha nome: José, o filho tão querido, com seus olhinhos claros, brilhantes, e aquele sorriso angelical que aquecia fibra por fibra o seu terno coração de mãe.

Às vezes, pensando no passado, ela se entristecia, mas procurava não se demorar nessas recordações. Não sentia mágoa, raiva ou revolta por ninguém, mas também não sentia saudade dos familiares. A única lembrança que provocava sobressaltos em sua alma era a de Abel, mas a impossibilidade de voltar a vê-lo fazia com que viesse recheada de tristeza, e Julia também a repelia para evitar maiores sofrimentos.

Por isso procurava esquecer o passado e viver o presente, que era muito melhor! José estava ali ao seu lado, como um farol a iluminar os caminhos que o futuro lhe reservava.

José chegou aos seis anos de idade, e Julia começava a pensar em matriculá-lo no colégio. Porém, houve uma manhã em que ele acordou com uma febre muito alta e queixando-se de fortes dores pelo corpo.

Inicialmente ela não se preocupou, afinal, não era a primeira vez que o via doentinho. Ela mesma o medicou com uns comprimidos analgésicos que tinha em casa e passou o dia cuidando do menino, já que estava em início de férias.

José se sentiu melhor, mas se recusou a sair da cama quando os coleguinhas da vizinhança o chamaram para brincar. Julia começou a ficar mais preocupada, pois sabia o quanto ele gostava de empinar pipas e de jogar futebol e bolinhas de gude com os meninos da comunidade.

À noite, a febre e as dores o atacaram sem piedade. A mãe pensou em levá-lo ao hospital, mas estava chovendo muito e ela simplesmente não tinha como sair de casa. Passou a noite ao lado da cama, velando-lhe o sono agitado enquanto ele se debatia, gemendo, e tremia de frio sob uma pilha de cobertores.

Julia nunca sentiu tanto medo na vida. A cada manifestação do menino, acariciava-lhe os cabelos encharcados de suor e voltava a repetir a frase que tantas vezes dissera quando o tinha abrigado em seu ventre:

– Não se preocupe, meu filho! Não importa o que aconteça, mamãe sempre vai cuidar de você.

Mas já não havia tanta convicção em sua promessa. Ela ouvia o som de suas próprias palavras como se fossem ditas por outra pessoa, alguém que estivesse muito distante dali.

Aquela foi a noite mais longa da vida de Julia. No dia seguinte, às primeiras horas, procurou uma vizinha e pediu a ela que fosse à sua casa e cuidasse de José por alguns minutos. Depois saiu em busca de ajuda.

Após implorar a várias pessoas, Julia conseguiu convencer um senhor que transitava em uma caminhonete pela comunidade, vendendo botijões de gás de cozinha, a levar seu filho ao hospital.

Quando voltou para casa acompanhada do motorista, encontrou a vizinha desesperada, pois José havia piorado muito na última hora e agora estava inconsciente. Julia não sabia ainda, mas nunca mais voltaria a ouvir a voz do filho, nem iria se encantar com o brilho intenso daqueles olhinhos claros e com o terno sorriso de seus lábios, pois ele estava incomunicável e entrou em estado de coma assim que foi internado.

Foi uma semana de sofrimento, insônia e muitas lágrimas para aquela mãe desesperada. As notícias eram cada vez piores.

– Seu filho está com infecção generalizada – diziam os médicos, explicando que ele possivelmente fora contaminado pelo esgoto que corria a céu aberto na comunidade miserável onde viviam.

– Mas vai sobreviver? – ela perguntava angustiada.

As respostas eram sempre vagas. Ninguém ousava afirmar nada nem sequer expressar palavras que pudessem confortá-la, aliviando aquela angústia terrível que lhe sufocava o peito.

Na busca desesperada por ajuda, Julia se uniu a uma vizinha chamada Morgana, que era muito religiosa. Foi à igreja com ela e implorou a Deus que curasse o seu menino. Apegou-se a tudo o que lhe acenava com a possibilidade de livrar o seu pequenino dos braços da morte. Em seu campo mental, a frase criada por ela continuava a se repetir automaticamente, como um mantra: "Não se preocupe, meu filho! Não importa o que aconteça, mamãe sempre vai cuidar de você".

Mas essa afirmativa já não provocava nenhum efeito prático em seu coração. Para que continuar se enganando? Seu filho estava entregue às mãos de estranhos, internado em um hospital ao qual ela quase não tinha acesso, pois os médicos e enfermeiros a consideravam uma mulher histérica, desequilibrada, e procuravam mantê-la afastada do quarto onde José vegetava, alegando que a mãe tumultuava o ambiente hospitalar com aquelas súplicas desesperadas.

Realmente, de nada adiantou tudo aquilo. A notícia sobre o falecimento do menino foi dada oito dias depois de sua internação. E Julia, que já havia se tornado um farrapo humano naquele angustioso período de tortura, simplesmente sentiu o chão ruir a seus pés e a vida tornar-se não apenas cinzenta, mas trevosa, fria e sem o menor sentido.

CAPÍTULO 27

Veneno

A fé é o remédio certo do sofrimento; ela mostra sempre os horizontes do infinito, diante dos quais se apagam os poucos dias sombrios do presente.
(O Evangelho segundo o Espiritismo – Capítulo 5 – Item 19 – Boa Nova Editora)

Depois do sepultamento do corpinho do filho, Julia se tornou uma morta-viva. As amigas iam visitá-la, tentando levar consolo à sua alma despedaçada, mas ela se recusava a recebê-las. Na verdade, não queria ouvir nada. Qualquer palavra com o intuito de confortá-la produzia efeito contrário, deixando-a extremamente irritada.

A única voz que desejava ouvir era a de José, mas esta havia se calado para sempre e as outras não interessavam nem um pouco.

Morgana, a vizinha religiosa, foi a única a ser recebida. Não por consideração, mas por despeito. Quando a mulher começou a falar sobre o amor e a bondade de Deus, Julia indagou quase gritando:

– Deus? Se Ele é tudo isso que você diz, por que não salvou o meu filho? Por que não se apiedou de mim? Ou por acaso o amor d'Ele é seletivo? Será que Ele também discrimina gente pobre, que vive em dificuldade?

– Não fale assim – a mulher disse enquanto se benzia. – Não seja herege. Deus livrou seu filho do sofrimento e o colocou para dormir.

– Dormir? – Julia perguntou. – E vai dormir por quanto tempo?

– Até o Dia do Juízo Final – Morgana respondeu –, quando será julgado e receberá a recompensa pelos seus atos.

– Atos? – Julia gritou ensandecida. – Por quais atos uma criança de seis anos pode ser julgada? Você deve ser louca ou é muito burra pra acreditar numa tolice dessas!

Foi tão contundente em suas palavras, que Morgana saiu correndo dali, tapando os ouvidos com as mãos. Foi o único momento, em meio àquela tempestade emocional, que Julia se sentiu um pouco melhor. Em seus pensamentos, havia conseguido se vingar de alguém que tentara iludi-la; logo ela, que já andava farta de desilusões!

Mas o que Julia não podia imaginar é que a pior ilusão ainda estava por vir. Agora que havia "rompido relações" com Deus e estava totalmente convencida de que Ele não era tão justo quanto dizem os religiosos, achou que não havia mais por que agir de modo racional, ou pelo menos dentro daquilo que as religiões apregoam como coerência e bom senso.

Começou a pensar que, se a morte era algo tão frívolo e impiedoso, não importava a forma como ocorresse. Então uma ideia passou a se solidificar em sua mente, e ela começou a questionar a si mesma: "Pra que ficar neste sofrimento terrível? O que a vida tem de bom pra me oferecer daqui pra frente?"

Ensandecida pela dor, fugindo de qualquer fiapo de esperança que pudesse contestar suas inquirições, respondia: "A vida já me feriu o suficiente. Não há nada de bom à minha espera e não há razão pra continuar sustentando esta dor insuportável".

Desde que José adoecera, a casa de Julia andava de pernas para o ar. Ela havia deixado de se alimentar, de tomar banho, mudar de roupa... Já não sabia o que era abrir sequer uma fresta da porta ou da janela, pois não queria ser incomodada pela luz do sol. De certo modo, sentia-se protegida na escuridão da alcova em que havia se enfiado.

Quando ouvia as vozes dos meninos da vizinhança brincando na rua, tapava os ouvidos, sendo tomada por uma raiva incontrolável. Ficava se perguntando por que a morte não havia levado um deles em vez de José. Algumas mulheres da comunidade tinham vários filhos. Por que Deus permitira justamente a morte do único tesouro que ela possuía?

Foi em meio a esse martírio que tomou a decisão mais importante e equivocada de sua existência: iria dar cabo da própria vida para ir ao encontro do filho. Afinal, havia prometido protegê-lo e, ilusoriamente, pensava poder encontrá-lo e voltar a cuidar dele, como fizera desde o seu nascimento.

Ficava imaginando os vários tipos de riscos e sofrimentos que o pobrezinho poderia estar enfrentando no mundo dos mortos. Como acreditar que Deus estaria cuidando dele? Não fora esse mesmo Deus que se fizera surdo aos seus apelos, deixando-o morrer em idade tão prematura?

Não! Definitivamente, Julia não confiava em mais ninguém. Precisava ir ao encontro do filho para resguardá-lo das maldades do mundo, ainda que em um mundo totalmente desconhecido. Acreditava que José deveria estar impaciente esperando pela mãe, contando com a presença dela ao seu lado.

O veneno que lhe exterminaria a vida física já estava comprado desde que o corpo do filho baixara à sepultura. Julia preparou uma dose bem generosa, pois não queria correr o risco de ficar apenas na "tentativa de suicídio". Colocou o copo com o macabro conteúdo sobre o criado-mudo e recostou-se na cama, apoiando o corpo em uma pilha de travesseiros, tomando coragem para ingerir o veneno em um só fôlego.

Lá fora fazia um silêncio absurdo, e ela nem sabia ao certo se era dia ou noite, se chovia ou se fazia sol... Há dias seu mundo estava limitado ao pequenino cômodo que em breve se tornaria um sepulcro.

Julia foi envolvida por uma forte sonolência e logo a seguir despertou em um ambiente sinistro. Não sabia se estava dormindo ou acordada, mas algo lhe dizia que tinha alcançado o seu objetivo. Agora era só iniciar a busca pelo filho, encontrá-lo e acolhê-lo em seus braços, como nos velhos tempos.

Ela só precisava sair daquele ambiente inóspito, frio e escuro, onde mal conseguia enxergar as próprias mãos. Deveria caminhar para qualquer direção onde pudesse encontrar um pouco de luz e, a partir daí, definir qual rumo seguir.

Porém, mesmo tendo se arrastado por várias direções (arrastava-se porque tinha dificuldade em se manter de pé), nenhum ponto de luz apareceu. Por todos os lados que olhasse, só vislumbrava trevas.

De repente, um som familiar lhe chegou aos ouvidos: era um choro de criança. Aliás, não apenas um choro, mas gritos desesperados que sugeriam muito sofrimento.

– Aí está o meu filho! – ela exclamou. – Eu sabia que o encontraria desamparado.

Assim dizendo, arrastou-se o mais rápido que pôde em direção ao choro da criança. Tateando no escuro, percebeu que estava à entrada de uma gruta. O som parecia brotar do fundo daquele lugar.

Julia seguiu adiante, sufocada pelo ar viciado e pelo mau cheiro daquela gruta. Seu corpo se arrastava sobre coisas frias e viscosas, que ela não conseguia identificar o que eram. Mas também não estava preocupada com aquilo; preocupava-se apenas em encontrar José e acolhê-lo em seu colo.

Quando chegou ao fundo da caverna, o choro mudou de direção, parecendo projetar-se agora da entrada. Julia fez o caminho de volta, mas, ao chegar à entrada da gruta, o som da criança chorando voltou a se projetar do fundo.

Assim ela ficou por um tempo incalculável, arrastando-se de um lado para o outro dentro daquele buraco fétido, irrespirável. O choro, que aparentemente era de seu filho, tornava-se mais alto e desesperador a cada momento. E a ânsia em protegê-lo aumentava na mesma proporção.

Cansada daquela luta inglória, Julia se entregou à exaustão. Passou a chorar, desanimada e confusa. Iniciava-se dentro dela um lento processo de conscientização de que aquele interminável ir e vir entre a entrada e o fundo da gruta era inútil. Começava a desconfiar de que não havia nenhum ruído externo; que o choro da criança nada mais era do que uma criação da própria mente desequilibrada e que se projetava de dentro para fora, repercutindo apenas em seu campo mental.

Então ela concluiu que, além de não haver encontrado o filho, estava também perdida. Foi invadida por uma imensa tristeza, e o choro da criança foi cessando aos poucos, até desaparecer de vez. Agora, no interior daquela gruta, só havia silêncio e solidão.

CAPÍTULO 28

Reencontro

> *Pergunta: "O Espírito de uma criança, morta em tenra idade, é tão avançado como o do adulto?"*
> *Resposta: "Algumas vezes, muito mais".*
> (*O Livro dos Espíritos* – Questão 197 – Boa Nova Editora)

Depois de algum tempo jogada naquele ambiente inóspito, Julia percebeu uma pálida claridade a alguns metros de distância. Levantou-se com dificuldade e, cambaleando, seguiu naquela direção. Então se deparou com uma pequena clareira em meio a imensas silhuetas escuras que se erguiam por todos os lados e que não dava para saber se eram árvores, rochedos ou outra coisa qualquer.

Aos poucos, sua vista foi se acostumando à luz e ela pôde enfim contemplar o próprio corpo esquelético, revestido pelos trapos em que sua roupa tinha se tornado.

No meio da clareira havia dois troncos tombados que serviam de banco. Uma pessoa estava sentada em um deles, mas não dava para distinguir-lhe o semblante. Quando Julia se aproximou, o vulto se ergueu, apontou para o assento que ficava em frente e disse:

– Sente-se! Estava mesmo esperando por você.

A iluminação, ainda que precária, revelou o rosto da pessoa que dava as boas-vindas a Julia, fazendo-a recuar por um momento antes de sussurrar constrangida:

– Dona Januária? O que a senhora está fazendo aqui?

– Vim recebê-la – a mulher respondeu calmamente. – Não está feliz em me ver?

Julia pensou um pouco. Sua mente estava bastante confusa.

– Não sei se fico feliz ou preocupada – ela respondeu com voz insegura. – Imagino que a senhora deva estar zangada comigo pelo que fiz ao seu neto e...

Januária sorriu com ternura e respondeu:

— De jeito nenhum, minha filha! Nunca fui favorável àquele casamento imposto pelos interesses mesquinhos do seu pai e pelo egoísmo do João Lino. Assim como também não posso dizer que concordo com o equívoco que você cometeu, mas não estou aqui pra julgar as atitudes deles nem as suas. Estou aqui para ajudá-la, assim como espero ter a oportunidade de auxiliá-los também, caso necessitem um dia.

Januária segurou a mão de Julia e perguntou:

— Você quer que eu a ajude?

— Quero sim, por favor! — a moça implorou chorando. — Eu preciso encontrar o meu filhinho. É por isso que estou aqui... Preciso ampará-lo em meus braços, cuidar dele...

Januária refletiu por um tempo e depois disse:

— Está bem. Nós temos permissão pra visitá-lo. Venha comigo. — porém, advertiu: — Esteja preparada, minha filha. Às vezes as coisas por aqui são bem diferentes do que imaginamos.

Ansiosa para ver o filho, Julia nem prestou atenção às palavras de Januária. As duas caminharam de mãos dadas por uma vereda. Ao fim desse caminho encontraram um grande jardim e, no meio dele, sentado em um gramado, em posição de lótus, havia um homem que aparentava ter uns quarenta anos.

— Eis o seu filho — Januária disse, apontando para ele, que parecia meditar.

— Não — Julia retrucou. — Meu filho não é adulto. Ele tem apenas seis anos... É uma criança doente que está precisando de cuidados.

Então Januária olhou bem para ela e disse:

— Julia, eu só vou poder lhe explicar uma vez e espero que você compreenda: crianças são Espíritos adultos habitando temporariamente corpos infantis na fase inicial de sua reencarnação. José não era aquela criança; ele é este homem que você está vendo, revestido agora pelo corpo fluídico com o qual nós interagimos no plano espiritual.

O olhar de Julia se alternava entre aquele homem e a mulher que pacientemente a orientava. Tentava absorver aquelas informações, mas era tudo muito estranho.

— O Espírito para o qual você gerou o corpo em seu útero e acolheu como filho precisava, por questões expiatórias, de uma encarnação completiva, quando deveria ficar no plano terreno por apenas seis anos – prosseguiu Januária. – Deus permitiu que você acolhesse esse nosso irmão e gerasse a estrutura carnal de que ele precisava, oferecendo inclusive as condições precárias para que ele passasse pelas dores físicas necessárias à sua expiação, ou seja, a dolorosa enfermidade que eliminou o seu corpo carnal. Agora, acabou! Ele voltou à pátria de origem no tempo previsto e, retomando a lucidez de sua bagagem existencial, prepara-se para nova experiência reencarnatória daqui a algum tempo.

Julia estava petrificada olhando para aquele homem, tentando absorver as explicações que acabara de ouvir. Quando voltou a falar, demonstrou incredulidade:

– Não é possível, dona Januária! Se este homem é o José, então a minha chegada aqui foi inútil... O sofrimento que enfrentei naquela caverna horrível... Tudo isso foi um grande equívoco?

A mulher a olhou com piedade e falou:

– Questão de escolha, minha querida... Mas vamos nos aproximar dele. Pelo jeito, você não está muito convencida de que é mesmo o seu filho.

As duas se aproximaram e, quando estavam bem perto, o homem ergueu o rosto e olhou nos olhos de Julia. Então ela não teve dúvidas de que o brilho que se projetava daquele olhar translúcido era o mesmo que havia no olhar de seu menino.

– José! – exclamou chorando. – Você está bem, meu filho?

Ele esboçou um leve sorriso e disse:

– Estou ótimo, como você pode ver, mas não sou mais o seu filho nem você é mais minha mãe. Agora somos irmãos! Irmãos unidos pelo amor incondicional e pela paternidade universal de nosso Pai Criador.

Julia demonstrou inconformismo. Achou que aquelas palavras eram rudes demais.

– Como pode negar a minha maternidade depois de ter me dedicado tanto a você e do imenso sacrifício que fiz para reencontrá-lo? Isso não é prova de amor suficiente? – perguntou.

– Matar-se, mesmo que seja com a desculpa de cuidar de alguém que morreu, não é prova de amor – ele respondeu sem se alterar. – Sinto decepcioná-la, Julia, mas tenho que lhe dizer que o suicídio é prova de egoísmo e falta de fé, nunca de amor. De qualquer forma, quero lhe agradecer por ter me acolhido e cuidado de mim. A partir de agora, como eu disse, seremos irmãos ainda mais próximos e certamente um dia terei a oportunidade de retribuir tudo de bom que você fez por mim.

– Mas e a sua doença? As dores que sofreu? A morte do seu corpo?... – ela perguntou de modo atabalhoado.

– Tudo isso passou – ele respondeu com serenidade. – As provações, expiações e reparações fazem parte do processo de evolução espiritual e cada um de nós experimenta o que está programado para cada encarnação. Depois, mais purificados, voltamos ao plano espiritual e damos sequência aqui ao infinito e indispensável aprendizado. É assim que as coisas funcionam. As leis de Deus são desse modo. Querer mudá-las é o maior equívoco que podemos cometer, pois elas são perfeitas, ainda que muitas vezes incompreendidas por nós.

Vendo que Julia estava cada vez mais confusa, ele concluiu com um sorriso amistoso:

– Vá em paz, minha irmã! Como você pode ver, não há razão para se preocupar com o seu pequeno José, pois ele já está bem crescidinho. Deus está cuidando de mim. Aliás, Ele cuida de todos nós. Vá em paz!

O homem voltou à posição de lótus e se concentrou. Januária fez sinal para que Julia a seguisse e, enquanto a acompanhava, a moça comentou claramente constrangida:

– Começo a pensar que o sofrimento que experimentei com a morte do José foi um castigo de Deus pelo adultério que cometi.

Januária meneou a cabeça e disse:

– Deus não castiga ninguém, minha filha, mas suas leis são perfeitas. É possível que a desencarnação prematura da criança tenha lhe servido como um duro aprendizado, ou seja, a lição de que todas as nossas ações geram reações, muitas vezes num curto espaço de tempo. Por outro lado, a gravidez, ainda que ocorrida de forma ilegítima, serviu pra atender às necessidades do nosso irmão, que precisava de uma encarnação de curto período. Como podemos ver, Deus aproveita até as nossas fraquezas pra realizar as suas maravilhas.

As explicações de Januária deixaram Julia um pouco mais aliviada, mas a preocupação de não saber o que viria a seguir a mantinha aflita. Por isso ela perguntou:

– E agora? O que vai ser de mim? Vim atrás do meu menino e tive essa surpresa... Ficarei retida nesse ambiente por muito tempo? Voltarei para aquela gruta fétida?

– Sossegue o seu coração – Januária respondeu. – Graças a Deus ainda haverá tempo de você reconsiderar o que pretende fazer. Vá pra casa, minha filha, e cuide-se! Saiba que, de qualquer modo, a decisão terá que partir de você. Por mais que tenhamos vontade de orientá-la, não poderemos interferir em seu livre-arbítrio. A escolha é sua.

Julia despertou em seu quarto. O coração batia em descompasso e uma angústia imensa a envolvia. Porém, aos poucos, foi se acalmando e começou a se dar conta de que continuava sentada na cama, recostada aos travesseiros. Para grande alívio, notou que o copo com o veneno permanecia intacto sobre o criado-mudo.

A lembrança da experiência que acabara de vivenciar não lhe chegava por inteiro, mas fragmentos de recordações povoavam-lhe a mente. Principalmente o diálogo com Januária e o encontro com José em um corpo adulto e saudável, chamando-a de irmã em vez de mãe. Sobressaíam de modo inequívoco as palavras mais contundentes que ele dissera: "Matar-se, mesmo que seja com a desculpa de cuidar de alguém que morreu, não é prova de amor, mas de egoísmo e falta de fé".

Julia saltou da cama e tratou de se livrar o mais rápido possível daquele veneno. Depois correu para abrir as janelas e ligou o rádio, desejosa de ouvir músicas alegres para quebrar o clima pesaroso do ambiente.

Em seguida foi cuidar da higiene, alimentar-se direito, e ficou sinceramente feliz quando viu no calendário que suas férias estavam chegando ao fim. Não via a hora de voltar às atividades profissionais e ocupar sua mente com o trabalho.

CAPÍTULO 29

Epílogo

A fé sincera e verdadeira é sempre calma; dá a paciência que sabe esperar, porque, tendo seu ponto de apoio na inteligência e na compreensão das coisas, está certa de chegar.
(O Evangelho segundo o Espiritismo – Capítulo 19 – Item 3
– Boa Nova Editora)

Quando amanheceu o dia, depois de uma noite de muitas dúvidas e reflexões, Julia decidiu procurar Morgana e pedir perdão pelo que havia dito a ela. Inicialmente, a vizinha demonstrou desagrado, mas, ouvindo palavras de sincero arrependimento, mudou de postura e a convidou para entrar. As duas se sentaram na mesma poltrona.

– Eu sei que nada justifica a minha grosseria – Julia disse –, mas gostaria que você entendesse o meu desespero e relevasse a ofensa que lhe fiz ontem.

Morgana a olhou demonstrando compreensão e perguntou:

– Mas o que aconteceu de ontem pra hoje que a fez mudar de ideia?

Julia coçou a nuca pensando se deveria ou não contar o ocorrido. Sentia necessidade de dividir aquela experiência com alguém, saber o que diriam a respeito, mas tinha dúvida de se Morgana era a pessoa mais indicada. Afinal, suas convicções religiosas divergiam de tudo aquilo.

Entretanto, impelida pela necessidade de desabafar, ela disse:

– Ontem eu tive uma experiência muito estranha, minha amiga. Estava pronta pra me matar e já tinha até preparado o veneno.

– Meu Deus! – Morgana exclamou levando a mão à boca e arregalando os olhos.

Julia fez um ar de constrangimento e prosseguiu:

– De repente sofri uma espécie de apagão. Quando acordei, estava enfiada em uma gruta muito escura, onde ouvi o que parecia ser o choro do José. Fiquei feito louca naquela escuridão, tentando chegar até ele, mas era inútil. Quando finalmente consegui sair daquele lugar horrível, encontrei uma senhora conhecida, que eu não vejo há sete anos e que, segundo diziam, tinha o dom de conversar com os mortos. O nome dela é Januária.

Ao ouvir isso, Morgana se benzeu, fazendo o sinal da cruz. Porém olhava com muita curiosidade para Julia, esperando que ela continuasse a narrativa.

– Pois bem – a outra prosseguiu. – Januária me levou até um jardim, onde havia um homem sentado. Ela me garantiu que aquele homem era o José, mas eu não acreditei. Então ele me olhou e eu não tive dúvida de que aquele olhar era mesmo o do meu filho. Esse homem falou que não sou mãe dele; que a gravidez que eu tive foi apenas pra gerar o corpo no qual ele precisava renascer pra expiar alguma coisa e já estava previsto que ele só ficaria seis anos no plano material.

– Como assim, não era mãe dele? – Morgana interrompeu curiosa. – Isso não faz sentido...

– Foi o que pensei – disse Julia. – Mas ele falou que o único parentesco definitivo que existe entre as pessoas é o da fraternidade, pois somos todos irmãos, filhos do mesmo Pai Criador. Então eu entendi que a condição de mãe e filho e de todos os demais laços familiares é temporária e se alterna de acordo com a necessidade do Espírito. Enfim, depois de ouvir aquilo, fiquei desesperada achando que havia me suicidado e que ficaria presa naquele lugar, mas acordei em minha cama e respirei aliviada ao ver que ainda não tinha tomado o veneno.

O fim da narrativa foi seguido de um pesado silêncio. Morgana ficou pensativa e coube a Julia a iniciativa de retomar a conversa:

– Você deve estar achando tudo isso uma grande besteira, não é?

– Não, não acho – a vizinha respondeu com sinceridade. – Agora sou eu que vou lhe contar uma história: eu tenho uma irmã que ficou viúva seis meses depois de casada. Meu cunhado, na época com apenas 25 anos, contraiu rubéola, uma doença relativamente fácil de ser tratada, mas os médicos não conseguiram salvá-lo. A pobrezinha entrou em depressão e veio morar comigo por uns tempos. Vivia inconformada, chorando pelos cantos, até que um dia alguém a convenceu a procurar uma gente que faz reuniões espirituais. Pois bem, minha irmã andou frequentando esse tal lugar e se tornou outra pessoa.

– Ela se conformou com a morte do esposo? – Julia perguntou.

– Sim, ela disse que entendeu o que tinha acontecido. Contou que havia recebido umas comunicações do marido nas quais ele explicava por que precisara deixar o corpo prematuramente. Eu não entendi muito bem, mas é mais ou menos isso aí que você falou: necessidade de expiação ou coisa assim.

– Você a acompanhava a esse lugar?

– De jeito nenhum! – Morgana exclamou benzendo-se. – Não abro mão da minha religião por nada deste mundo. Mas eu acho que você deveria fazer uma visita a este lugar. Quem sabe não encontra lá as respostas para as suas dúvidas?

– Interessante – Julia respondeu. – Você sabe onde fica?

Morgana se levantou, foi até um dos quartos, voltou com um panfleto na mão e o entregou a ela.

– Aí tem o endereço. Minha irmã deixou esse papel aqui em casa e, em consideração a ela, não tive coragem de jogar fora. Na verdade estava esperando uma boa oportunidade pra me livrar dele.

Julia agradeceu. Desculpou-se mais uma vez pela desinteligência do dia anterior e foi para casa. O panfleto que Morgana lhe dera continha um pequeno texto falando sobre reencarnação e demais aspectos do espiritismo. Trazia ainda endereço e horários de atendimento aos assistidos.

No dia seguinte, um domingo, Julia acordou disposta e alegre. Tinha a impressão de haver sonhado com coisas muito positivas, mas não lembrava exatamente do que se tratava. Tomou um banho demorado, pôs um vestido lindo e, enquanto cuidava dos longos cabelos e passava uma leve maquiagem, valorizando as formas delicadas de seu belo rosto, percebeu o quanto havia de juventude em seu semblante. Apesar de tudo o que enfrentara, tinha apenas 28 anos incompletos e, na verdade, aparentava bem menos.

De repente sentiu-se envolvida por um sentimento de solidão. Nos últimos anos, havia se dedicado integralmente ao filho, cuja presença a fazia se sentir completa. Por isso nunca se envolvera em qualquer relacionamento amoroso; contentava-se com o amor maternal e as agradáveis lembranças de Abel, único homem que fora capaz de lhe preencher as lacunas afetivas do coração.

Foi com esses pensamentos que pegou um táxi e pediu ao motorista que a deixasse no endereço constante do panfleto que Morgana lhe dera. Uma grande inquietação a dominava. Não sabia bem o que era, mas tinha a impressão de que obteria a resposta no lugar onde eram realizadas as tais reuniões espirituais.

Naquele dia, a fila de atendimento não estava tão grande, e logo um dos assistentes convidou Julia para acompanhá-lo.

— Antes de passar pela consulta com o dirigente, a senhorita fará uma breve triagem com um dos voluntários, tudo bem?

— Por mim está ótimo — Julia respondeu. — Eu só não sei exatamente o que fazer.

— Bem, a senhorita vai conversar com ele, expor as suas dúvidas, dizer por qual motivo está aqui...

— Ah, entendi. Um bate-papo normal.

— Isso mesmo. A partir daí será feita uma avaliação das suas necessidades — o moço disse sorrindo e fez sinal para que ela entrasse na pequena sala de entrevistas.

Assim que entrou, Julia sentiu um fortíssimo baque no coração, que começou a bater muito mais rápido que o normal. O rapaz que a aguardava mantinha a cabeça abaixada, pois fazia anotações em um livro, mas ela não teve a menor dúvida de quem era.

— Abel! — exclamou com voz trêmula.

Ele ergueu a cabeça e, deparando-se com aquele rosto cuja lembrança jamais o abandonara, respondeu emocionado:

— Julia? Oh, meu Deus! Isso está acontecendo realmente ou será apenas mais um dos tantos sonhos que sempre tive com você?

Ela não disse nada e precisou apoiar-se na mesa, pois suas pernas fraquejaram de tal modo que quase a fizeram cair.

Abel levantou-se em um impulso e a amparou em seus braços. Ambos tremiam de emoção e, quando seus olhos se encontraram, toda a força do sentimento que os unia e que se encontrava adormecido desabrochou de modo extraordinário. Era como uma nova floração a se abrir depois de prolongado inverno, aos primeiros fulgores da primavera, reativando em seus corações o desejo de ser feliz.

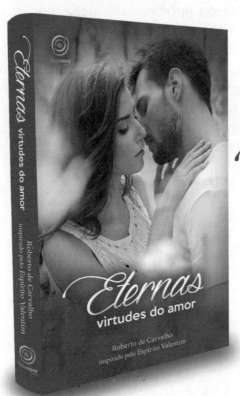

Eternas
virtudes do amor

Roberto de Carvalho
inspirado pelo Espírito Valentim

256 páginas | Romance | 16x23 cm
978-85-8353-042-8

Este romance narra a vida do Espírito Valentim em sua mais recente experiência encarnatória. Ele teve o privilégio de nascer em um lar materialmente bem provido e de conviver com pessoas esclarecidas. Foi conduzido para o caminho da política, tendo exercido a função de prefeito de sua cidade em mais de um mandato – maravilhosa oportunidade de, coletivamente, praticar o bem, caso a houvesse aproveitado.

Conviveu também com desafetos do passado, tendo a chance de praticar o perdão, e reencontrou Suzana, companheira de outras existências, podendo provar o quanto a amava. Porém, vícios morais como egoísmo e ambição fizeram dele um político corrupto, arrogante e preconceituoso, seguindo por um caminho de equívocos e sofrimentos.

Mas a experiência de Valentim é também um rico aprendizado no que se refere à prática do amor verdadeiro, mostrando-nos que ele se sobrepõe às maldades promovidas pelas imperfeições humanas, como um bálsamo a suavizar feridas e a manter acesa a chama inesgotável da esperança em que um dia, moldados pela dor, pelo arrependimento e pela conscientização, todos nós possamos conquistar as eternas virtudes do amor.

ENTRE EM CONTATO COM OS NOSSOS VENDEDORES

17 3531.4444 Catanduva-SP | 11 3104.1270 São Paulo-SP

 /boanovaed   boanova@boanova.net

Nova Chance para a Vida

Roberto de Carvalho ditado pelo espírito Francisco

Cassiano desejava sair do interior, mudar-se para São Paulo e cursar a faculdade de Administração, mas uma gravidez indesejada na juventude, fruto de uma noite impensada com Rebeca, exigiu que ele adiasse seus planos para fazer parte de uma família na qual não era bem-vindo. Depois de um tempo, disposto a abandonar Rebeca e o filho Eduzinho, bem como deixar para trás as humilhações pelas quais passava constantemente na pequena cidade em que vivia, fosse por causa do sogro, fosse devido às discussões com a esposa, Cassiano desejava uma nova chance. Porém, já em São Paulo, mas em situação desoladora, são os encontros com a mãe já falecida, por meio de sonhos, que o motivarão a superar os erros do passado. A forte ligação entre ambos incentivará o rapaz a seguir um caminho de fé e perseverança. A obra recorda os ensinamentos espíritas tanto na trajetória do protagonista quanto na abertura de cada capítulo, que traz citações d´O Evangelho segundo o Espiritismo e d´O Livro dos Espíritos, publicações de Allan Kardec que abordam aspectos do ser humano na perspectiva da doutrina.

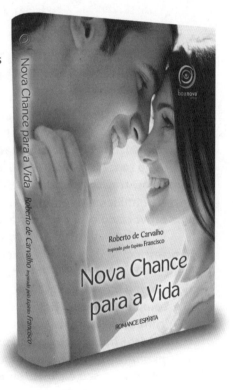

256 páginas
Romance | 16x23 cm | 978-85-8353-023-7

Boa Nova Catanduva-SP | (17) 3531.4444 | boanova@boanova.net
Boa Nova São Paulo-SP | (11) 3104.1270 | boanovasp@boanova.net

UM QUARTO VAZIO
Roberto de Carvalho
Inspirado pelo espírito Francisco

Romance
Formato: 16x23cm
Páginas: 208

Reginaldo e Denise têm seu filho único, de vinte anos, assassinado por traficantes, sugerindo a possibilidade de o rapaz ter sido usuário de drogas. O trágico episódio abala a estrutura familiar, e o sentimento de culpa provoca doloroso esfriamento na relação do casal, transformando-os em inimigos que vivem sob o mesmo teto. Porém, na noite em que o triste acontecimento completa um ano, Reginaldo é conduzido, durante o sono, às regiões espirituais, onde passa por magnífica experiência e muda radicalmente o seu conceito sobre perda de entes queridos e regência das leis divinas.

 www.boanova.net

 www.facebook.com/boanovaed

 www.instagram.com/boanovaed

 www.youtube.com/boanovaeditora

Entre em contato com nossos vendedores e confira as condições.
Catanduva-SP 17 3531.4444 | São Paulo-SP 11 3104.1270

ROBERTO DE CARVALHO
INSPIRADO PELO ESPÍRITO FRANCISCO

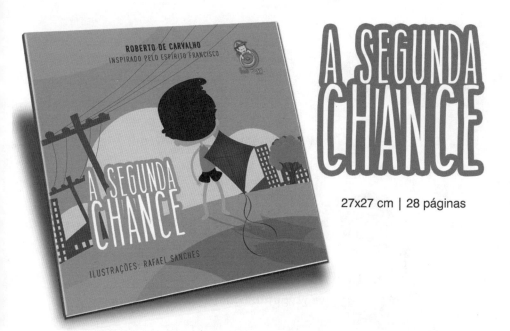

27x27 cm | 28 páginas

Numa tarde de vento forte, Francisco resolve empinar sua pipa perto da fiação elétrica, achando que conseguiria guiá-la. Mas a aventura não termina bem. Ele leva um choque e, gravemente ferido, é internado em um hospital. Enquanto seu corpo está emcoma, Francisco permanece numa região sombria do plano espiritual, onde é orientado por um Espírito amigo sobre temas como riscos da desobediência na infância, imortalidade da alma e o poder da prece como cura. Será que o menino conseguiu absorver osfundamentos dessas lições?

Catanduva-SP 17 3531.4444
São Paulo-SP 11 3104.1270

Conheça mais a Editora Boa Nova

 www.boanova.net

 www.facebook.com/boanovaed

 www.instagram.com/boanovaed

 www.youtube.com/boanovaeditora

Instituto Beneficente Boa Nova
Entidade coligada à Sociedade Espírita Boa Nova
Av. Porto Ferreira, 1.031 | Parque Iracema
Catanduva/SP | CEP 15809-020
www.boanova.net | boanova@boanova.net
Fone: (17) 3531-4444